가기 싫어
안 해
못하겠어

몰라 배째

개복치
직장인

발표
무서워

생존
가이드

오노 모에코
지음

말인지
모르겠으니
가만히 있자

집에 갈래

크록

"부정적인 감정을 전환해 나의 무기로 만들자"

'한 번 화가 나면 감정을 조절하지 못하고 이성의 끈을 놓아 버린다'

'사람들 앞에 서면 과도하게 긴장해 입이 떨어지지 않는다'

'미래를 생각하면 불안해지며 안절부절못하고, 다른 일이 손에 잡히지 않는다'

'심한 말을 들으면 슬픈 나머지 사고가 멈춘다'

부정적인 감정 때문에 찝찝했던 경험이 있나요? 저는 오랜 시간 산업카운슬러로 일하며 다양한 사람의 고민을 들어

왔습니다. 그중에서도 내 감정을 잘 조절하지 못해 힘들다거나, 부정적인 감정에 휘둘리거나, 안 좋은 일이 생기면 감정을 추스르지 못해 다른 행동을 할 수 없다는 등의 고민을 많이 접했습니다.

이러한 일시적 감정은 직장을 잃게 만들기도 합니다. 심지어는 어마어마한 빚을 지거나 가족과 불화를 일으키는 등 돌이킬 수 없는 결과로 이어진 경우도 많습니다. 또 부정적인 감정에 얽매여 한참 앞으로 나아가지 못하는 분들도 많지요. 이처럼 적지 않은 사람이 부정적인 감정 때문에 어려움을 겪고, 또 고민합니다. 하지만 정작 이런 감정을 어떻게 대처해야 할지 실질적인 조언을 주는 사람은 드물지요. 여러분은 자기 내면의 부정적인 감정을 만나면 어떻게 대처하시나요? 그 감정을 잊거나 무시하는 것도 하나의 방법이 될 수 있을 테고, 아예 없던 일로 치거나 애써 긍정적인 생각을 떠올려 보기도 할 겁니다.

그러나 사실 앞서 말한 이 모든 방법은 '역효과'를 낳기 마련입니다. 감정은 억누르려고 할수록 점점 튀어 오르는 성질을 가졌기 때문입니다. 예컨대, 좋아하면 안 되는 대상이라고 생각하면 할수록 그 마음은 더욱 부풀어 오르지요.

다이어트 중에 '음식을 먹으면 안 된다'라고 생각할수록 음식은 머릿속에서 떠나지 않아 식욕만 더 커집니다. 우리는 이것을 바로 '감정 강화'라고 부릅니다.

즉, 지금 당장 느끼는 감정을 무시한 채 잊어버리려고 하거나 없었던 일로 치자며 마음속 깊은 곳에 가둘수록 오히려 그 감정에 휩싸이게 됩니다. 그리고 시간이 흐른다 한들, 그때의 찝찝했던 기억은 잊히지 않습니다.

그렇게 계속 부정적인 감정이 쌓이다 못해 어떤 계기로 인해 봇물 터지듯 쏟아질 때도 있습니다. 이는 극단적인 행동이나 자신을 주체하지 못함, 어둡고 깊은 늪에 감정을 숨기는 등의 선택으로 이어지기도 합니다. 평소에는 온순했던 사람이 느닷없이 열을 올리며 화를 내기도 하고, 어제까지만 해도 아무렇지 않던 사람이 갑자기 무단으로 결근하기도 합니다. 이러한 행동의 원인은 그야말로 자기 내면의 부정적인 감정을 잘 마주하지 못했기 때문이라고 할 수 있습니다.

특히 유교 문화권 국가에서는 남을 배려하는 것이 미덕이라는 식의 정서가 강합니다. 그래서 주변 사람의 기분이나 분위기를 해치면 안 된다고 생각해 주변을 배려하지만, 정작 본인은 지나치게 참는 경향이 있습니다. 그 결과, 부정적인 감정을 마음에 담아둔 채 스트레스를 받고는 하지요.

그렇다면 왜 이렇게 많은 사람이 마음에 생긴 부정적인 감정을 '없던 일'로 치부하려고 할까요. 그 이유는 아마 부정적인 감정은 해롭다고 여기는 우리의 일반적인 고정관념 때문일 겁니다.

그러나 인간이 살아가는 데 있어 부정적인 감정이 늘 해로운 것만은 아닙니다. 부정적인 감정은 좋고 싫음을 가늠하거나, 인생의 우선순위를 파악할 때 활용할 수 있는 '지침서'와도 같습니다. 마음에 부정적인 감정이 생겼을 때는 그 감정을 충분히 느끼면서, 우리가 왜 그렇게 느꼈는지를 정리해 보는 것이 중요합니다. 그렇게 해야 실패에 대한 반성과 동시에 개선점 역시 찾을 수 있고, 다음 목표로 나아갈 원동력을 만들 수 있기 때문입니다.

즉, 부정적인 감정은 어떻게 다루느냐에 따라 여러분 인생의 강력한 무기가 될 수 있습니다. 마음에서 부정적인 감정이 올라올 때 그에 대처하는 방법만 알고 있다면, 이성을 잃거나 본의 아니게 실수를 저지를 일도 없을 겁니다.

이 책에서는 부정적인 감정을 마주하면서도 그 감정에 잘 대처하는 방법을 소개합니다. 어떤 방법이든 한 단계만 거치면 되고, 또 한 가지만 실천하면 됩니다. 어렵지 않게 실천할 수 있고, 부정적인 감정들을 나의 편으로 만들 수 있습니다.

부디 여러분 마음에 떠오른 부정적인 감정을 마주하고, 잘 대처하는 방식을 익힘으로써 스트레스에 휘둘리지 않는 단단한 마음으로 거듭나시기를 바랍니다.

오노 모에코

1

긴장을 푸는 방법

나쁜 긴장 메커니즘이란?

'사람들 앞에만 서면 긴장해서 말이 안 나와요'

'프레젠테이션이나 발표하는 자리에 서면 몸이 뻣뻣하게 굳어요'

익숙하지 않은 환경을 만나면 누구나 조금씩 긴장한다. 그러나 긴장이 무조건 나쁘다고만 말할 수 없다. 나쁜 긴장이 있듯 좋은 긴장 역시 있기 때문이다. 좋은 긴장은 적당한 자극을 줘서 평소보다 좋은 성과를 발휘하도록 돕는다. 그렇다면 문제는 나쁜 긴장감을 느끼는 상황인데, 그럴 때는 다음과 같은 악순환에 빠질 가능성이 있다.

긴장했다는 사실을 들키지 않으려고 무리하게 억누르면 모든 신경이 그쪽으로 쏠려 더 경직된다. 또한, 더해진 긴장감을 다시 억누르려고 하면서 결국 더 경직되는 악순환에 빠진다. 이 장에서는 나쁜 긴장 메커니즘에서 벗어날 수 있도록 긴장 완화 방법을 소개한다.

① 실수가 두렵거나 창피당하고 싶지 않다는 생각으로 머릿속이 가득 차면서 긴장함

② 긴장했다는 사실을 감추기 위해 무리하게 스트레스를 억누르며 더 밝게 웃고 평정심을 유지하는 척함

③ 긴장감을 숨기고 있다는 사실에 오히려 불안해져 평소보다 더 자신을 의식하게 됨

④ 손에 땀이 흥건해지거나, 몸을 덜덜 떨거나, 얼굴이 빨개지는 증상이 발현됨

⑤ 평상시와 다른 상태임을 깨닫고 더욱 긴장함

※이 현상이 반복됨!

Case 1

밤에 잠이 안 와요

내일 아침 일찍 중요한 일정이 있어요.
그런데 빨리 자야 한다고 생각하니까
긴장돼서 오히려 잠이 안 와요.

방에 불을 밝히고 몸을 일으키세요!

누구나 한 번쯤은 중요한 일정이나 긴장할 만한 일을 앞두고 잠을 설쳐본 적이 있을 것이다. 다음 날을 걱정해 가슴이 뛰고 잠도 오지 않을 때는 한 가지만 실천하면 된다. 바로 무리하게 자려고 애쓰지 않는 것이다.

'내일은 중요한 일이 있으니까 아침 일찍 일어나야 해'
'일찍 나가야 하니까 조금이라도 더 자야 해!'

이런 생각은 자야 한다는 압박 때문에 몸을 더 긴장하게 만들어 오히려 입면을 방해한다. 그럴 때는 자야 한다는 초조한 마음을 진정시킬 필요가 있다. 이 단계에서 가장 먼저 방을 밝게 만들자.

어떤 사람들은 몸이라도 조금 쉬자는 생각에 방을 어둡게 하고 누워 있기도 한다. 하지만 긴장한 상태에서 방까지 어두우면 달리 할 일이 없으니 오히려 생각에 잠기게 된다. 이는 곧 긴장감을 더하는 원인으로 작용한다. 결국 패닉 상태에 빠진 모습, 타고 가던 열차가 멈추는 장면, 중요한 발표를 망치는 결과를 상상하며 부정적인 감정에 휩싸인다. 그러니 무리

해서 잠들지 않기로 했다면 방 조명을 밝혀 보기를 바란다.

다음으로, 졸음을 유도하기 위해 가벼운 음식을 먹는 것도 하나의 방법이다. 음식이 들어가면 혈액이 위에 집중된다. 그러면서 우리 몸의 에너지를 소화에 사용하기 때문에 점점 졸음이 찾아온다.

이때 음식은 우유, 치즈 같은 유제품 혹은 두유처럼 콩으로 만들었거나 단백질이 함유된 것을 먹는 편이 좋다. 늦은 밤이니 소화가 잘되는 음식으로 골라야 한다. 단백질에는 트립토판이라는 아미노산 성분이 들어 있다. 트립토판은 행복 호르몬이라 부르는 세로토닌을 만드는 재료 중 하나인데, 이에 따라 단백질을 섭취하면 차분해지는 효과를 느낄 수 있다. 만약 음식을 섭취한 뒤에도 잠이 오지 않으면 차라리 잠이 올 때까지 깨어 있으면서 내일을 준비하자.

내일이 중요한 발표가 있어 걱정이 태산이라면, 자료를 충분히 봐 두는 것도 좋겠다. 시험 때문에 불안하면 잠이 올 때까지 시험공부를 하는 것도 하나의 방법이다. 혹시 늦잠을 잘 것 같아 걱정되면 알람 시계를 여러 개 맞춰놓으면 된다.

최대한 잠을 청해보았는데도 잠이 오지 않는다면 그대로 밤을 새워도 괜찮다. 물론, 중요한 일을 앞두고 있을 때는 숙면을 하는 게 가장 좋다. 그러나 자야 한다는 압박감에 초조함을 느낄수록 우리 몸은 흥분 상태에 빠지고 말 것이다. 그러니 차라리 깨어 있는 선택을 하는 편이 낫다.

우리 몸은 하루 정도 잠을 자지 않아도 큰 문제가 일어나지 않는다. 다음 날 정말 중요한 일이 있다면 몸을 약간의 수면 부족 상태로 만드는 편이 오히려 긴장 완화에 도움이 된다. 1분이라도 빨리 안정적인 상태에서 잠들고 싶은 마음은 이해하지만, 숙면하지 못하는 것보다도 잠들지 못하는 자신을 탓하는 마음이 다음 날 일정에 더 큰 영향을 미친다. 그러니 다음 날 있을 회의나 발표 준비에 힘을 쏟는 편이 좋다.

Case 2

실수할까 봐 무서워요

오늘은 중요한 미팅이 있어요!
실수하면 안 된다고 생각할수록
긴장해서 제대로 말도 못하겠어요

**계단을 오르내리며
완벽히 해내는 자기 모습을 떠올려 보세요!**

뇌와 신체의 움직임은 연동되어 있다. 그래서 긴장하면 무의식적으로 몸이 뻣뻣해지면서 여러 부위에 힘이 들어간다. 이때 자율신경의 균형이 깨지는데, 이에 따라 우리 몸은 더욱 긴장하는 악순환에 빠지고 만다. 그러니 긴장했을 때는 머릿속으로 긴장을 풀기 위해 애쓰지 말고 몸을 움직이는 것이 먼저다. 몸을 움직이면 혈액 순환이 원활해지면서 몸이 따뜻해지고, 굳은 근육은 부드러워져 긴장이 풀린다.

거창한 운동을 할 필요는 없다. 스트레칭, 마사지, 어깨를 천천히 위로 올렸다가 툭 하고 내리는 동작만으로도 충분하다. 신체 일부를 긴장시켰다가 완화하는 움직임을 반복하면 딱딱하게 굳은 몸이 풀리면서 긴장 역시도 줄어든다.

그중에서도 효과를 가장 빨리 느낄 수 있는 운동은 계단 오르내리기다. 이 움직임은 전신을 사용하므로 몸에 큰 자극을 준다. 나는 평소에 이동할 때 엘리베이터나 에스컬레이터를 이용하지만, 강연이나 미디어 출연 등 긴장할 만한 상황을 앞두고 있을 때는 되도록 계단으로 오르내린다. 일부러 계단을 이용함으로써 몸을 따뜻하게 만들고 긴장을 푸는 방법을 활용하는 것이다.

계단을 오르내릴 때는 꼭 맡은 일을 완벽히 해낸 자기 모습을 반복해서 상상해 보기를 바란다. 사고와 행동은 연동되어 있으므로 긍정적인 모습을 떠올리면 일의 결과에도 큰 영향을 준다. 운동선수들이 시합 전에 이미지 트레이닝을 하는 것도 이러한 이유에서다. 발표를 앞둔 때도 마찬가지다. 머릿속으로 구체적인 장면을 그리며 '발표를 성공적으로 끝낸 내 모습'을 뇌에 강하게 새겨 두자. 그러면 실제로 성공할 확률 역시 올라간다. 그러나 반대로 실패할지도 모른다는 부정적인 모습만 떠올리면 그 생각에 휩싸여 실제로 실패할 가능성이 커진다.

하지만 긴장되는 상황일수록 자꾸 실패하는 모습을 떠올리기 십상이다. 그럴 때는 다른 사람의 긍정적인 사례를 반복해 바라봄으로써 뇌에 자리한 부정적인 모습을 물리치자.

저명한 인사들이 많은 사람 앞에서 발표하는 영상이나 비즈니스 정보를 다루는 유튜버가 이야기하는 모습 등을 참고하면 도움이 될 것이다. 또 버라이어티 프로그램이나 정보 전달 프로그램을 찾아 진행자의 모습을 보는 것도 하나의 방법이다.

회사 선배 중 고객과의 의사소통이나 발표에 능숙한 사람을 꼽아 그 모습을 머릿속에 넣어 두는 방법도 효과적이다. 보통 상담 자리에서 선배가 이야기할 때는 고객 등 상대방의 반응만을 살피기 쉽다. 그러나 반대로, 이때 선배가 이야기하는 모습을 잘 관찰해 두자. 나중에 자신이 그 역할을 하게 되었을 때 보여야 할 모습을 파악하는 데 도움이 된다.

또한, 발표를 잘 마쳐 주변 사람들에게 칭찬받거나 큰 업무를 맡게 되는 등 맡은 일을 잘 해낸 자기 모습을 반복해서 떠올려 보는 것도 효과적이다. 하루에 한 번이라도 좋으니 성공한 내 모습을 최대한 구체적으로 상상해 보자. 그러면 우리 뇌는 성공하는 것이 당연하다고 인식하므로, 자연스럽게 긴장이 풀린다. 중요한 상담이 있을 때는 자료 정리와 이야기 연습만 할 것이 아니라, 자신이 상담을 성공적으로 수행하는 모습과 성공한 뒤의 모습을 떠올리자.

Case 3

상사나 선배에게 혼났어요

너무 긴장한 나머지
일의 경위를 제대로 말하지 못해
더 크게 혼났어요.

**손을 쫙 폈다가 주먹 쥐는 동작을 반복해
감정을 리셋해 보세요!**

우리 몸은 다른 사람에게 혼나거나 큰 소리를 들어 공포를 느끼면 긴장한다. 그러면 자율신경에 영향이 가면서 점점 더 초조해지고 불안해진다. 그 결과 말실수를 하거나 말을 더듬어 오히려 더 긴장하고, 심지어는 상대방에게 반감을 사기도 한다.

공포감이 엄습해 평정심을 유지할 수 없을 때는 **무조건 그 자리를 떠나는 것이 가장 좋은 방법이다.** 환경을 바꾸면 좋든 싫든 뇌에 자극이 가기 때문에 부정적인 감정을 전환하기에 알맞다.

그러나 한창 혼나고 있는 상황에서 느닷없이 자리에서 일어나 다른 곳으로 갈 수는 없는 노릇이다. **그럴 때는 손을 쫙 폈다가 다시 주먹을 꽉 쥐는 동작을 반복해 보자.** 이처럼 신체에 완급을 주는 동작을 반복하면 혈액 순환이 원활해지면서 불편한 감정이 차츰 풀린다. 또 주먹을 쥐었다 펴는 동작에 의식을 집중하게 됨으로써 기분이 차분해지고, 더 나아가 혼나고 말았다는 좌절감에서 오는 긴장감을 줄일 수 있다.

자신을 혼내는 사람과 대화할 때 상대방의 화를 더 돋우지 않으려면 기분과 사실을 완전히 분리하는 것이 중요하다. 왜 이러한 사태가 벌어졌는지를 설명할 때 흔히 '그럴 생각은 없었다'라든지, '나름대로 노력했다'는 식으로 말하고는 한다. 자신의 기분이나 의욕을 전달하고, 또 불리하게 작용하지 않도록 하는 변명을 추가하는 것이다. 그러나 혼을 내는 상대방은 그 변명을 받아들이기 어렵다. 오히려 변명을 느끼는 것만으로도 짜증을 느끼게 되므로 역효과를 가져올 수도 있다.

이럴 때는 변명이 아닌 설명을 해야 한다. 즉, 질문에 사실만을 가지고 대답하는 것이다. 시간순으로 이런 일이 있었고 저런 일이 있었다든지, 그때 내가 어떤 대응을 했는지 등. 사실을 바탕으로 대화하는 것이 중요하다.

상대방은 혼을 내면서도 왜 이러한 일이 벌어졌는지 그 이유를 듣고 싶어 한다. 그러므로 사실에 기반한 경위를 들을 때는 화가 더 커지지는 않는다. 혼나고 싶지 않다거나, 자신에게는 잘못이 없다는 감정을 바탕에 두고 생각하면 스스로도 긴장감과 초조함을 느끼게 된다. 그러나 감정이 아닌 사실 관계를 머릿속에서 정리해 나가면 냉정해지면서 긴장이 차츰 풀어진다.

상대방이 심하게 화내는 모습을 보면 우리는 무심코 죄송하다는 말을 반복해 내뱉게 된다. 그러나 너무 여러 번 사과의 말을 건네면, 오히려 상대방은 '사과하면 다 해결된다고 생각하는 건가'라고 느낄 수 있다. 미안한 마음을 전하고 싶다면 사과의 말을 여러 번 반복하지 말고 '상황을 이렇게 만들어 죄송합니다', '기대에 부응하지 못해 죄송합니다'와 같이 문장을 확실히 매듭지어 말하는 편이 효과적이다.

Case 4

시간이 없어서 초조해요

마감이 코앞인데,
초조해서 평소보다 작업에
더 시간이 걸려요.

**잠시 일을 손에서 내려놓고
기분 전환 시간을 가져 보세요!**

마감이 코앞인데 쌓인 일은 끝날 기미조차 안 보일 때가 있다. 누구라도 머리가 돌아가지 않을 상황이다. 그도 그럴 것이, 우리 뇌는 초조함을 느끼면 냉정한 판단을 내리지 못한다. 평소라면 한 번에 해낼 수 있는 일도 몇 번이고 다시 하기 마련이다. 그러니 결과적으로는 마음이 급할수록 더 많은 시간을 쏟게 되는 것이다. 이런 상황을 피하는 지름길은 당장 느끼는 초조함을 내려놓고 기분 전환의 시간을 가지는 것이다. 급할수록 돌아가라는 말도 있지 않은가. 하지만 문제는 우리 스스로 '마음이 초조하다'라는 사실을 쉽게 자각하지 못한다는 점에 있다. 그러니 평소 문제없이 해내던 일을 버벅거리거나 실수할 때 '나는 지금 시간이 없어서 초조해하고 있다'라고 자각하는 것이 중요하다.

메일 수신처의 주소를 틀리거나, 간단한 계산을 실수하거나, 농담 섞인 메시지를 전혀 다른 사람에게 보내는 등. 평소라면 하지 않을 실수를 했을 때야말로 내면에서 자라나는 '초조한 마음'을 깨닫기 좋은 기회라고 할 수 있겠다.

사소한 실수가 반복된다면 그건 기분을 전환할 타이밍이라는 신호다. 그럴 때는 하고 있던 일을 잠시 손에서 내려놓고 다른 작업을 시도하는 것이 좋다. 마감이 코앞인데 그럴 여유가 어디 있냐고 생각하는 분이 계실지도 모르지만, 일단 지금 하는 일에서 잠시 떨어져 보는 것이 중요하다.

예컨대 고객 A사의 일을 하고 있다면 멈추고, B사의 일을 해보는 방식이 그렇다. 보고서를 쓰다가 초조함을 느낀다면 메일 회신, 경비 정산, 전화 걸기 등 전혀 다른 일을 하는 것도 효과적이다. 기분이 즐거워지면 하던 일로 돌아왔을 때 의욕이 올라가기 때문이다. 정해진 시간에 인터넷 쇼핑, 웹 서핑, 차 마시기, 식사, 목욕, 산책 등을 하는 것도 추천한다.

물론 기분 전환에 너무 긴 시간을 쓰지 않도록 조절하는 것도 중요하다. 감정을 다른 곳에 집중하면 기분을 전환할 수 있으므로, 시간적 여유가 있다면 한 시간 정도 재충전 시간을 가지며 드라마를 보는 것도 좋겠다.

더 나아가 장소를 바꾸는 것도 기분 전환의 효과를 일으킨다. 마감까지 며칠 여유가 있다면 과감하게 당일 여행을 다녀오는 것도 좋다. 초조해 죽겠는데 무슨 외출이냐고 여길지도 모르지만, 장소를 바꾸기는 기분 전환에 꽤 효과적인 방법이다. 나는 마감이 임박한 일이 많아 초조함을 느낄 때는 기분 전환을 위해 일부러 온천을 찾는다. 그러면 신기하게도 해결 방법이 문득 떠오르기도 하고, 어려웠던 작업이 수월하게 진행되기도 한다. 마감일까지 남은 시간에 따라 융통성 있게 실천해 보기를 바란다.

다른 사람에게
유능한 모습만 보여주고 싶어요

후배 앞에서 무슨 일이든 척척 해내고 싶은데,
실수할까 봐 불안해서 오히려 위축돼요.

**실수는 호감도를 높이는 요소라는 것을
잊지 마세요!**

후배나 부하 직원에게 일 잘하는 상사, 혹은 든든한 선배가 되고 싶은 마음은 당연하다. 하지만 든든한 모습을 보이려고 할수록 긴장한 나머지 자신감 있게 행동하지 못할 때가 많다. 일 잘하는 상사, 든든한 선배가 되려면 리더십과 자신감을 가진 사람이어야 한다는 생각 때문에 고민할 때도 있을 것이다. 그러나 이에 따른 정의나 받아들이는 방식만 바꿔도 고민이 자연스레 해결된다.

사람들 대부분은 능력이 뛰어난 사람보다 이야기를 잘 들어주고 수용하는 태도를 가진 사람에게 '일을 잘한다', '든든하다'라는 식의 평가를 한다. 제 아무리 능력이 뛰어나고, 업무를 잘 처리하고, 실수하지 않는 사람이라 한들, 부하 직원이나 후배의 의견을 듣지 않으면 독단적인 사람으로 치부되기 십상이다.

바꾸어 말하면 이해력과 포용력만 가지고 있다면 그것만으로도 충분히 존경받을 자격이 있다는 의미다. 그러니 리더십 있는 모습이나 당당한 모습을 보이기 위해 너무 애쓰지 않아도 괜찮다. 적절한 때에 후배에게 힘든 일은 없는지 물어보고, 진척 상황 등을 꼼꼼하게 알려주는 등. 상대방이 대화하기 쉬운 환경을 마련하는 것이 가장 중요하다.

상사가 된 이상 부하 직원으로부터 좋은 평가를 받고 싶다는 마음을 가진 사람이 꽤 많다. 그러나 이와 같은 마음은 늘 긴장한 상태로 상대방을 대하게 만든다. 상대방에게 잘 보이고 싶은 마음을 가지고 행동했을 때, 그 행동을 좋게 생각할지 아닐지는 상대가 받아들이기 나름이라는 것을 기억하자.

그러니 자신이 어떤 모습으로 비칠지 애써 생각하기보다 상대방을 수용하는 자세를 가지는 것이 우선이다. 그것이 결과적으로 상대방에게 좋은 평가를 받는 일로 이어지고, 긴장을 내려놓을 수 있는 좋은 방법이다. 그런데 이렇게 설명해도 지금까지 인생을 살며 실패한 경험이 아예 없거나, 실수했을 때 크게 무시당한 경험이 있는 사람들은 대부분 '그래도 후배나 부하 직원 앞에서 실수해서는 안 된다'라고 생각한다. 그러나 긴장할수록 부하 직원에게도 그 긴장이 전염되고, 그로 인해 스스로 더 심하게 경직되는 악순환이 되풀이된다.

사람은 오히려 실수를 많이 하는 사람에게 인간미를 느낀다. 살면서 단 한 번도 실수하지 않는 사람은 없을뿐더러, 상사나 선배가 실수하는 모습을 보여주면 부하 직원도 마음 편하게 일할 수 있다. 실수는 결점이 아니라, 오히려 호감도를 높여주는 요소라는 것을 기억하기를 바란다. 그렇게 생각하는 것만으로도 '실수해서는 안 된다'는 긴장감을 훨씬 줄일 수 있다.

자기가 '대단한 사람'이라는 인식을 심어주려는 의도를 가지고 대할수록 상대도 긴장한다. 나를 드러내기보다 상대방을 수용하는 자세를 지니는 것이야말로 일 잘하는 상사, 든든한 선배가 되는 지름길이다.

Case 6

낯선 사람과의
만남이 어려워요

예전부터 사람을 처음 만나면
심하게 낯을 가리고 긴장해요.

**만나기 직전에 좋아하는 대상의 사진을
3초간 보세요!**

누구나 낯선 사람을 대할 때는 조금씩 긴장한다. 이때 좋아하는 대상의 사진을 보는 행동은 긴장 완화에 효과적이다. 아름다운 풍경, 귀여운 동물, 좋아하는 연예인, 사랑하는 가족, 케이크, 꽃 사진 등. 자신이 좋아하는 대상이라면 무엇이든 상관없다.

사람은 자기가 좋아하는 것을 보면 마음이 안정되며 표정도 부드러워진다. 면담이나 면접처럼 긴장되는 상황에 임하기 직전에는 핸드폰에 담아 두었던 '자신이 좋아하는 대상의 사진'을 3초간 바라보기를 바란다. 보기만 해도 마음이 안정되면서 표정도 부드러워지고, 긴장감과 함께 뻣뻣하게 굳은 몸이 풀리기 때문에 상대에게 좋은 첫인상을 남길 수 있다.

낯선 상대에게 잘 보이고 싶다고 생각하면 몸에 힘이 들어간다. 그러므로 결과적으로는 '나다운 모습'을 보여주는 편이 좋은 첫인상을 남기는 방법이기도 하다. 왜냐하면 상대에게 받을 평가를 생각하거나, 좋은 사람으로 보이고 싶다는 생각은 몸과 마음에 긴장을 만들어 내기 때문이다. 그 긴장은 상대에게도 전달되어 왠지 모르게 어색한 분위기를 자아낼 때가 많다. 자신을 부풀리지 말자. 이는 낯선 상대에게 좋은 첫인상을 남기는 데 무척이나 중요한 포인트다.

심하게 긴장한 탓에 머릿속이 새하얘질 때는 외부로 시선을 돌리는 것이 중요하다. 긴장감 때문에 얼굴이 빨개지면서 식은땀이 흐른다면 바람 소리, 자동차 소리, 복사기 소리 등 다른 대상에 신경을 돌려보자. 그러면 긴장한 마음이 조금씩 안정되는 것을 느낄 수 있다.

또한, 꼭 기억해야 할 점은 '누구나 처음 만난 사람 앞에서는 조금씩 긴장한다'라는 사실이다. 사람마다 차이는 있겠지만, 자신이 긴장한 만큼 상대방도 경직되어 있다는 사실을 되뇌자. 아무리 상대방이 긴장하지 않은 것처럼 보이더라도, 마음속으로 '저 사람도 긴장하고 있다'라고 생각하면 마음이 조금은 편안해진다. 지금은 낯선 사람과의 만남이 두려울지라도, 그 장면을 여러 번 경험하고 상황에 익숙해질수록 긴장도 줄어들 것이다. 지금은 긴장감 때문에 고민하는 사람이라도 그것이 평생 지속되지는 않는다. 지금의 긴장감은 앞으로 긴장하지 않기 위한 연습이라고 받아들이자.

한편, 상사가 부하 직원을 처음 만날 때 주의해야 할 점이 있다. 상대와 가까워지고 싶다고 해서 처음부터 존댓말이 아닌 반말을 쓰거나, 상대의 이야기를 도중에 끊어서는 안 된다는 점이다. 물론 친숙한 마음에 반말을 쓰고 싶을 때도 있다. 그러나 어떤 말을, 그리고 어느 정도를 실례라고 느끼는지는 사람마다 다르다. 잘 모르는 상대방이 갑자기 거리를 좁혀오면 불쾌함을 느끼는 사람도 적지 않다. 첫 만남은 상대방과의 적절한 거리감을 찾는 것이 포인트다. 그러므로 처음 만나는 자리에서는 되도록 존댓말을 사용하는 편이 좋다.

다른 사람의
긴장을 푸는 방법

Q. 제 후배가 영업처 고객 앞에서 진행할 발표를 앞
두고 있습니다. 그런데 일상적인 대화도 어려울
정도로 잔뜩 긴장한 모습을 보여주네요. 제가 긴
장할 필요 없다고 다독여도, 오히려 역효과만 낳
습니다. 이럴 때는 어떻게 하면 후배의 긴장을 풀
어줄 수 있을까요?

A. 긴장한 후배에게 격려의 말을 건넬 때는 '괜찮아,
너라면 잘할 수 있어'와 같은 추상적인 말 대신
'이 부분까지는 잘하고 있어'라고 구체적으로 말
해줍시다.

추상적으로 내뱉은 격려의 말은 듣는 사람의 마음을 불편

하게 한다. 전혀 괜찮지 않다거나, 말만 그렇게 하는 거라는 식의 생각이 들게끔 만든다. 상대방이 그렇게 받아들이지 않게 하려면 **구체적으로 격려하는 것이 중요하다.** '목소리는 귀에 잘 들어오니까 차분하게 이야기하면 상대방에게 마음이 전달될 거야', '많이 조사한 보람이 있네. 이 슬라이드는 이해하기 쉽게 잘 만들었어. 이 정도면 고객도 분명 납득할 테니 자신감을 가져 봐'라는 식으로 말이다. 더불어 격려의 마음이 전달되도록 '그 일은 네가 적임자니까 오늘은 분명 잘될 거야', '만에 하나 무슨 일이 생겨도 내가 도울 테니까 있는 능력을 힘껏 발휘해 봐' 등의 메시지를 담아 전하면 후배 역시 편안한 마음으로 긴장감을 내려놓을 수 있을 것이다.

Q. 여덟 살 딸이 곧 피아노 발표회에 나갑니다. 처음으로 많은 사람 앞에서 연주하게 되어 긴장했는지, 갑자기 울음을 터뜨리기도 하고 어딘가 불안해하는 모습이네요. 어떻게 하면 딸의 긴장을 풀어줄 수 있을까요?

A. 발표회는 즐겁다고 되뇌며 이미지 트레이닝을 합시다!

발표회를 앞두고 긴장해서 우는 이유는 '발표회는 무서운 것', '실수해서는 안 되는 것'이라는 고정관념이 있기 때문이다. 사실 무대에 설 때는 아이뿐만 아니라 어른도 긴장한다. 좋은 긴장이라면 다행이지만, 실수해서는 안 된다는 생각에 자기도 모르는 사이 압박감을 느끼고 있을지도 모를 일이다. 또 아이의 발표회를 앞둔 상황에서 부모 역시 긴장한 나머지 평정심을 잃을 때가 있다. 이때, 그 감정은 아이에게 전염되기도 한다. 무의식중에 '너 연습 안 하면 발표회에서 실수하고 창피를 당하게 될 거야', '실수하면 부끄러운 건 너야'라는 식의 말을 하면 아이의 머릿속에는 발표회에 대한 고정관념이 고착되고 만다. 아이가 '발표회는 즐거운 것'이라고 생각할 수 있도록 '네 피아노 연주를 다른 사람에게 들려줄 수 있어서 기뻐', '다른 아이들은 어떤 곡을 연주할지 기대된다'와 같은 말을 발표회 몇 주 전부터 아이에게 해주자.

그리고 발표회처럼 큰 이벤트가 있으면 전날 화려한 요리를 만들거나, 아이가 좋아하는 간식을 만들어 주며 격려하고 싫어지기 마련이다. 하지만 그러한 마음은 꾹 참고 누르기를 바란다. 왜냐하면 '특별한 날'이라는 생각이 커질수록 긴장감도 덩달아 고조되기 때문이다. 전날에는 평소 먹던 요리를 내놓아 아이가 평정심을 유지할 수 있도록 돕고, 발표회가 끝난 다음에 충분히 축하해 주자.

2

집중력을 올리는 방법

장시간 집중력 유지에 꼭 필요한 '세로토닌'

사람은 누구나 무서운 집중력을 발휘하는 순간이 있다. 바로 '정말 좋아하는 일'에 흠뻑 빠져 있을 때다. 평소 몰두할 수 있는 일이나, 시간이 가는 줄도 모르고 집중할 수 있을 법한 취미를 만들면 집중력을 높이는 데 큰 도움이 된다. 집중력을 높이고 싶다면 우선 좋아하는 일을 찾자. 그리고 그 일에 집중하는 시간을 늘려 보자. 좋아하는 드라마 감상, 장난감 조립, 소설 읽기에 푹 빠지는 것도 좋다.

집중력을 오래 유지하는 데 빼놓을 수 없는 것이 앞 장에서 잠깐 소개한 '세로토닌'이다. 흔히 행복 호르몬이라고도 부르는 세로토닌은 기분을 편안하게 만드는 효과가 있어 감정 조절에 도움을 준다. 그래서 세로토닌이 부족하면 감정의 환기가 어렵고, 이는 집중력 부족으로 이어진다.

그렇다면 세로토닌을 충족시키기 위해 무엇을 하면 좋을까?

① 운동을 하자!

몸을 움직이다 보면 세로토닌이 분비된다. 하루에 20~30분 정도라도 좋으니 계단 오르내리기, 걷기, 산책, 집 청소 등 몸을 움직여 운동하자.

② 필수아미노산인 '트립토판' 섭취하기!

트립토판은 유제품, 콩, 바나나, 견과류 등에 함유된 아미노산으로 세로토닌의 원재료라고 할 수 있다.

자기가 집중할 수 있는 '좋아하는 일'을 발견하고, 운동과 식사에도 신경 쓰면 집중력을 높일 수 있다. 태어날 때부터 집중력이 없다고 포기하지 말고 다음 페이지부터 소개할 대처법을 꼭 실천해 보기를 바란다.

마감일이 코앞에 다가왔어요!

마감일이 코앞인데,
꼭 이럴 때 다른 일이 들어온다니까요!
메일이나 전화가 계속 와서 집중할 수가 없어요.

메일과 핸드폰의 알림 설정을 끕시다!

중요한 마감이 코앞으로 다가왔을 때는 집중하기 쉬운 물리적 환경을 마련해야 한다.

현대인의 집중력을 떨어뜨리는 큰 요인 중 하나가 바로 메일과 전화다. 한창 일에 집중하고 있는데 연락이 오면, 그때마다 집중력이 흐트러져 다시 처음부터 시작해야 하는 상황이 발생할 수 있다. 작업에 방해받지 않도록 핸드폰을 무음 상태로 설정하거나, 컴퓨터 메일은 열어보지 않는 등 외부에서 오는 자극을 차단하자.

핸드폰이나 전화, 컴퓨터뿐만 아니라 집중력을 흐트러뜨리는 대상은 철저하게 통제할 필요가 있다. 예를 들어 주변이 소란스럽다면 귀마개를 하고 회의실로 들어가 작업하자. 그밖에도 주변 사람들에게 오늘은 꼭 해야 할 작업이 있다고 미리 알려 최대한 말을 걸지 못하는 환경을 만드는 등, 외적인 요인을 차단하면 집중력을 높일 수 있다. 아주 단순한 방법이라고 생각할 수도 있겠지만, 집중할 수 있는 환경을 만들 수 있느냐 없느냐에 따라 결과의 차이는 크다.

집중력을 높이기 위해 심리적 압박을 줄이는 것도 중요하다. 그러니 우선 편안한 환경을 만들어 두기를 바란다. 구체적으로 말하면 오늘은 집중이 잘 되었다거나, 작업 효율이 높았다고 느낀 날에는 어떤 환경과 조건에서 일했는지를 기록하고 저장하자. 사람마다 집중이 잘 되는 환경은 다르다. 예를 들어 사무실에서 일하는 편이 좋다는 사람이 있는가 하면, 적당한 소음이 있는 카페에서 작업해야 일의 효율이 오른다는 사람도 있다. 이 장소에서 일하면 집중력이 향상된다, 이 음악을 들으면 집중이 잘 된다, 이 음료가 있으면 마음이 안정된다는 식의 아이템과 조건이 있다면 반드시 기록하기를 바란다. 그리고 그러한 장소나 배경 음악, 음식 등의 목록을 만들어 두자.

한편, 눈앞의 일에 집중하고 있는데 다른 일이 자신에게 넘어오면 난처해진다. 한 사람이 감당할 수 있는 역량은 정해져 있기 때문이다. 그것을 넘어가면 집중력을 유지하기가 어렵다.

현재 업무가 끝나지 않았다면 다음 단계를 진행할 수 없다. 이런 상황에서는 확실하게 거절할 필요가 있는데, 이때 중요한 것이 바로 말투다.

'지금 하는 업무의 마감이 얼마 안 남아서요. 당장 시작할 수는 없지만, 이 일정이라면 가능합니다!'

'지금 하는 업무가 내일은 마무리됩니다. 내일부터 시작해도 될까요?'

이처럼 상대방에게 현재 상태와 해결 방안을 한꺼번에, 그리고 분명하게 전달하자. 일을 거절하면 회사에 피해를 주는 건 아닐지 걱정하는 사람도 있을지 모르겠다. 그러나 불가능한 상황에서 거절하지 못해 일을 받으면 스스로 업무를 감당할 수 없게 되고, 일의 완성도도 떨어지기 때문에 오히려 피해를 주는 셈이 된다. 업무 일정을 조절할 수 없는 경우라면, 그 상황을 모면하자는 생각으로 어중간하게 일을 받기보다는 확실히 거절하자. 그것이 상대방에게도 피해를 주지 않고, 자기 평가 역시 떨어뜨리지 않는 방법이다.

단순 작업만 하다 보니
집중이 잘 안 돼요

> 같은 작업을 계속하고 있는데요. 하면 할수록
> 머리가 멍해져서 집중하기가 어려워요.

컴퓨터 화면 밝기를 어둡게 낮춰 볼까요?

단순 작업에 집중하고 싶을 때 방 조명을 밝게 하거나 창가 자리에 앉는 등, 일부러 밝은 환경을 만들고 있지는 않은가? 사실 이런 행동은 집중력을 올리는 데 오히려 방해된다. 지나치게 밝은 환경은 초조함이나 긴장감을 더 끌어올리는데다가, 기분을 산만하게 만들어 단순 작업에는 적합하지 않다. 그러니 집중하고 싶다고 해서 필요 이상으로 조명을 밝게 조절할 필요는 없다.

날씨가 화창하다면 블라인드나 커튼을 쳐 두자. 되도록 창에 등을 지고 앉거나, 창가에서 너무 가깝지 않은 자리에 앉는 것도 집중력을 끌어올리는 요령이다. 카페에서 작업할 때도 마찬가지다. 햇살을 받으면 기분이 좋다는 이유로 창가 자리를 고르고는 하는데, 그것보다 해가 바로 닿지 않는 안쪽 자리를 선택하는 편이 좋다.

컴퓨터 모니터 화면의 빛 조절도 중요하다. 집중하고 싶을 때 습관적으로 모니터를 밝게 조절하는 이들도 있겠지만, 낮은 밝기로도 충분히 일에 집중할 수 있다. 오히려 지나치게 밝은 빛은 집중력을 흐트러뜨린다. 왠지 집중이 안 된다고 느낀다면, 컴퓨터 모니터 화면의 밝기를 낮추거나 방

조명을 줄이는 등, 주변 환경을 어둡게 만들어 보자.

단순 작업을 할 때는 한 번 몰두하면 지나치게 빠져들고는 한다. 그러나 집중이 필요한 때와 그렇지 않은 때를 세세하게 나눠야만 몸과 머리가 피로해지는 것을 막을 수 있다. 나이, 환경 등의 개인차가 있기는 하나 일반적으로 사람이 한 번에 집중할 수 있는 시간은 약 45분이라고 한다. 나는 직장인을 대상으로 오랫동안 연수를 시행해 왔는데, 그때마다 50분에 한 번은 휴식을 취해야 한다고 말한다. 이것은 아주 합리적인 말이다. 단순 작업일수록 빠져들게 되므로 50분 동안 작업했다면 10분의 쉬는 시간을 가져야 한다.

휴식 시간에는 현재 담당하는 작업과 전혀 다른 작업을 해야 기분 전환이 가능해진다. 사무직이라면 가벼운 운동이나 산책을 하며 몸을 움직여 보자. 반면, 몸을 사용하는 단순 작업을 하는 사람이라면 음악이나 경치를 감상하는 것이 효과적이다.

작업에서 한 번 벗어나면 모드 전환이 어렵지 않을지 걱정할 필요는 없다. 뇌는 한번 시작한 업무가 해결되지 않는 한 무의식중에도 계속 일하기 때문이다. 그리고 원래 하던 일에서 벗어나 있는 동안 머릿속이 정리되므로, 다시 일로 돌아갔을 때 집중력이 높아진다.

한편, 여러 인원이 함께 작업할 때는 목소리 톤에 주의하자. 사람들의 기분을 북돋으려고 하다 보면 무심코 목소리가 커지거나, 톤이 높아지기 쉽다. 하지만 대화할 때는 최대한 낮은 톤으로 말하기를 바란다. 그 이유는 높은 목소리보다 낮은 목소리가 귀에 잘 들어오고, 상대방의 머리에도 잘 들어가기 때문이다. 심리 상담 상황에서도 내담자에게 조금 낮은 목소리로 이야기하면 상대방도 훨씬 수월하게 받아들인다.

팀워크가 필요한 때일수록 반드시 목소리 톤에 신경 쓰자. 이외에도 배경 음악을 틀 때는 신나는 곡보다 차분한 곡을 고르는 편이 단순 작업 시의 집중력을 높여준다.

회의가 너무 재미없어서
집중이 안 돼요

회의 중, 상대방의 이야기에 집중하려고 해봐도
머릿속에는 다른 생각이 가득해요!

15분에 한 번씩은 <u>스스로</u> 발언해 볼까요?

회의할 때는 종료 시각을 정해두면 집중력을 높일 수 있다. 이를 정하지 않은 회의는 하염없이 길어질 때가 많고, 의욕과 집중력 역시 떨어진다. 그러나 반대로 종료 시각을 정해두면 그 시간까지 집중해서 끝내려고 노력하기 때문에 회의에 더 집중하게 된다. 따라서 종료 시각을 확실히 정하고, 그 시간까지 끝낼 수 있도록 확인 사항이나 회의 순서를 정해두면 집중력을 유지할 수 있다.

그러나 회의 상대가 상사나 거래처 사람이라면 아무래도 자기가 먼저 시간이나 회의 순서를 언급하기가 어렵다. 그래서 이런 경우에는 회의 시작 시각이 정해진 뒤, 이렇게 미리 언급해 두는 편이 좋다.

'다른 회의가 있어서 11시까지는 끝내주시면 좋겠습니다'

'오후 3시에 고객과 약속이 있어서 2시에는 회사를 나가야 합니다'

시간대를 사전에 이야기하지 않으면 나중에 그런 말을 하는 것은 실례라며 화를 내는 사람도 있다. 그러므로 최대한 빨리 회의 시간대를 확실하게 명시해 두자.

한편, 종료 시각이 정해져 있어도 흥미가 생기지 않아 집중력을 도저히 유지하기 힘든 회의도 있다. 주의가 산만해질 때 가장 좋은 해결 방법은 적극적으로 발언하며 회의에 참여하는 것이다. 자신과 상관없는 회의라고 다른 사람의 발언만 듣다 보면 의욕이 점점 떨어지고, 집중력 역시도 흐트러진다. 그러나 스스로 발언하면 머리를 사용하기 때문에 졸음도 달아난다.

발언은 10분에서 15분마다 한 번씩 하는 것이 적당하다. 이 정도 시간 간격을 두고 다음 질문이나 발언을 생각하다 보면 졸릴 틈마저 사라진다. 만약 딱히 낼 의견이 없다면 이전 발언자의 발언 내용을 정리해 보거나, 그에 대해 질문을 해보는 것도 좋다.

회의 참여자가 많을 때는 앞사람이 이야기한 내용을 받아들이는 말을 한 뒤에 질문이나 발언하는 것이 좋다. 예컨대, 상사가 '이 분야에 관한 신규 시장 개척이 필요합니다'라고 말했다면 그것이 무슨 의미인지 단도직입적으로 질문하지 말고, '신규 시장 개척이 필요하다는 말씀이군요. 구체적으로는 어떤 생각을 가지고 계십니까?'라고 묻는 식이다. 이처럼 상대방이 말한 내용을 반복한 뒤 질문 혹은 발언하는 과정은 세트로 묶여 있다는 사실을 꼭 기억하자. 이러한 형태를 갖추어 말하면 상대방도 대답하기 쉬울 뿐 아니라, 자신의 이야기를 잘 듣고 있다고 느낀다.

또한, 회의 마지막에 '궁금하거나 하실 말씀 있습니까?'라는 말을 들었을 때, 사람들은 대부분 발언하지 않으려고 한다. 그러나 시간에 여유가 있다면 적극적으로 질문하기를 바란다. 충분히 이해가 가지 않는 내용이나 모호한 점을 그 자리에서 질문할 수 있다는 장점도 있지만, 무엇보다 '마지막에 이 질문을 해야지'라고 의식하면서 회의 내용을 듣게 되기 때문에 집중력 또한 올라간다.

Case 10

운전할 때 집중력을
발휘하고 싶어요

장거리 운전, 캄캄한 밤, 궂은 날씨! 운전을 방해하는
요소가 많은 상황에서 집중력을 끌어올리고 싶어요.

당과 카페인을 적극 활용해 보세요!

운전 중에는 작은 판단 실수가 목숨을 잃게 만들 수도 있다. 그러므로 무슨 일이 있어도 집중력을 유지해야 한다. 하지만 운전 중에는 몸을 마음대로 움직이지 못하고, 거의 같은 자세를 유지하므로 뇌에 가해지는 자극이 적다. 따라서 중간에 휴식을 취하지 않으면 집중력은 점점 떨어지고 만다. 그러므로 운전 중에 집중력을 유지하기 위해서는 반드시 중간에 한 번씩 쉬어야만 한다.

앞서 언급했듯이 사람의 집중력은 약 45분이다. 한두 시간 운전했다면, 10분에서 20분 정도는 휴식을 취하자. 때에 따라서는 5분에서 10분 정도 짧게 잠을 자는 것도 좋다. 너무 길게 자면 오히려 머리가 멍해지지만, 짧은 수면은 뇌를 활성화한다. 또한, 휴식 중에는 반드시 당분과 카페인을 섭취하자. 설탕이 들어간 커피를 마시면 당과 카페인을 한 번에 섭취할 수 있다. 세상에는 다양한 영양소가 있지만, 뇌를 활성화하는 데 가장 중요한 영양소는 바로 '당'이다. 몸에 당분이 부족하면 뇌가 원활하게 작용하지 않아 집중력이 떨어지고 만다.

또 카페인은 신경을 흥분시키는 작용을 한다. 카페인이 든 음료를 마시면 졸음이 가시고, 머리가 개운해지면서 집중력이 올라간다. 간혹 운전할 때는 쓴 아메리카노를 마셔 뇌를 자극한다거나 무설탕 껌을 씹어 졸음을 쫓는다는 사람도 간혹 있다. 그러나 아메리카노에는 카페인만 들어있으므로 집중력이 유지되지 않고, 무설탕 껌을 씹어도 당분이 없으므로 뇌는 활성화하지 않는다. 최근에는 당질 제한 다이어트가 유행하면서 당분 섭취 자체를 피하는 사람도 많다. 그러나 당분을 섭취하지 못하면 집중력은 떨어지기만 할 것이 분명하다. 또 칼로리가 없거나, 설탕이 들어가지 않은 '제로' 식품을 먹는 사람도 많다. 하지만 그 음식에서 단맛이 느껴진다 한들, 본래의 설탕과는 다른 성분이므로 뇌에는 영양이 공급되지 않는다. 따라서 장시간 운전할 때는 설탕이 함유된 커피를 섭취하기를 바란다. 만약 아메리카노를 마신다면 초콜릿이나 사탕을 함께 섭취해 카페인과 당분 모두를 챙겨야 한다. 참고로 에너지 드링크를 마시면 집중력이 일시적으로 올라가는데, 그 이유는 카페인과 당이 모두 들어있기 때문이다. 다만, 에너지 드링크는 당분 함유량이 지나치게 많아 한 병을 다 마시면 칼로리를 과다 섭취하게 되니

주의해야 한다.

　물론, 설탕이나 카페인 모두 너무 많이 섭취하면 몸에 좋지 않다. 커피는 머그잔으로 하루 두세 잔, 설탕은 커피 한 잔에 각설탕 두 개 정도를 넣으면 충분하다. 마지막으로 한 가지 더 당부하고 싶은 점은, 기분이 우울하거나 처진 상태에서 운전할 때는 주의가 필요하다는 점이다. 마음이 안정적이지 못하면 자꾸 부정적인 생각이 들면서 주의력이 산만해진다. 또 가까운 사람을 떠나보냈다거나, 일하다 큰 실수를 저질러 우울할 때, 다른 사람과 다투거나, 불합리한 일을 당해 심한 분노를 느낄 때는 무리하게 운전하려 애쓰지 말고 핸들을 내려놓는 편이 현명하다.

3

의욕을 끌어올리는 방법

의욕의 스위치를 켜려면?

많은 사람이 해야 할 일이나 하고 싶은 일을 자꾸 미루고는 한다.

'지금은 바쁘니까'
'지금은 다른 일을 해야 해'

위와 같은 이유를 달아 변명하기도 하고 해야 할 일을 못본 척 넘어가기도 한다. 오늘이야말로 꼭 해야겠다고 마음을 먹는다 한들, 눈 깜짝할 사이에 하루가 지나가서 저녁이 되면 우울해하는 사람도 적지 않다. 그렇다면 어떻게 해야 의욕의 스위치를 켜고 해야 할 일을 집중해서 처리할 수 있을까?

어릴 적, 배고픔조차 까맣게 잊고 심취해 있던 일이 무엇이었는지 한번 떠올려 보기를 바란다. 놀이, 게임, 독서, TV 시청, 그림 그리기 등. 사실 우리는 좋아하는 일을 얼마든지 집중해서 계속할 수 있는 능력을 지닌 채 태어났다. 이는 곧 우리의 행동이 기분에 따라 달라진다는 말과도 같다. 그렇다면 기분을 어떻게 다스려야 할까? 가장 빠른 방법은 모양부터 갖추기다. 좋아하는 운동을 하기 위해 장비를 갖추거나, 요리하기 위해 좋은 냄비를 사는 것이 여기에 해당한다. 사실 모양부터 갖추면 겉으로만 그럴싸해 보이고, 실속은 없다고 생각할 수 있다. 그러나 즐거운 포인트부터 먼저 생각하면 의욕은 뒤따라온다. 또, 투자했으므로 본전을 건져야 한다는 마음도 생긴다. 자료를 작성하기 전에 책상 주변을 정리하는 것만으로도 '의욕 스위치'를 켜기 쉬운 상태가 된다는 것이 우리 일상의 예시 중 하나다.

또한, 향이나 소리를 활용하는 방법도 효과적이다. 대표적으로 커피 향은 안정감을 주는 데 효과가 있다. 그래서 정기적으로 커피를 마시며 휴식하는 시간을 마련하는 것도 좋다. 그밖에 가사가 없는 연주곡이나, 카페의 적당한 소음도 집중력을 발휘하는 데 도움이 된다.

Case 11

일이 진척되지 않아요

무엇부터 손대야 할지 모르겠어요.
어떻게 해도 의욕이 생기지 않아요….

**해야 할 일과 우선순위를 적으며
일단 무작정 손을 움직여 보세요**

일이 진척되지 않아 어떤 것부터 손대야 할지 모르겠다거나, 의욕이 생기지 않을 때가 있다. 하지만 그렇다고 한들 사고를 멈춰서는 안 된다. 인간의 뇌는 한번 정지하면 다시 가속 페달을 밟아 출발하는 데 오랜 시간이 걸리기 때문이다. 일단 무엇이든 좋으니, 손을 움직여 보기를 바란다. 물론 무턱대고 손만 움직인다고 해서 일이 척척 진행되지는 않을 것이다. 그러니 먼저 현재 직면한 상황을 정확하게 파악하기 위해 자신이 해야 할 일을 적어보자. 해야 할 일을 쭉 적어 목록을 만들면 막연했던 업무가 정리되면서 어디서부터 손대면 좋을지 자연스럽게 파악할 수 있다.

머릿속으로만 업무를 떠올리면 세부적인 부분을 파악하기 힘들뿐더러 해야 할 업무를 잊어버릴 우려도 있다. 이러한 악순환을 끊기 위해서라도 한 번쯤 자신이 해야 할 일을 적어 눈으로 살펴보기를 바란다. 목록을 적을 때는 꼭 종이를 사용할 필요가 없다. 업무를 관리할 수 있는 앱이나 웹사이트도 좋다.

할 일을 모두 적었다면 업무를 우선순위에 따라 나열해보자. 마감일이 임박한 일부터 우선순위에 두는 것이 철칙이다. 예컨대, 자료 A의 제출 마감일은 수요일이고 자료 B는 목요일이라면 당연히 A부터 처리하도록 순위를 매겨야 한다.

그러나 가끔은 우선 순위가 높은 일이라는 건 알고 있으나, 한번 시작하면 시간과 노력이 많이 들어 당장 하고 싶지 않을 때도 있다. 그럴 때는 억지로 해봐야 효율만 떨어지니, 하고 싶은 작업부터 시작하는 편이 좋다. 쉽게 끝낼 수 있는 일부터 정리해 나가면 조금씩 의욕이 생기기 때문이다. 자동차의 가속 페달을 천천히 밟아, 엔진이 무리 없이 돌아가게 만드는 과정과 같다고 할 수 있다. 만약 해야 할 업무를 적어 내려가는 것조차 싫은 단계에 있는 사람이라면 지금 바로 시작할 수 있는 일을 한 개라도 마무리해 보기를 바란다. 메일 발송, 전화 한 통 걸기, 자료 인쇄, 책상 정리 등을 예시로 들 수 있겠다.

또한, 평소 의욕을 불러일으켰던 장소에 가 보거나, 읽다 만 책이나 TV 등 집중력을 흐트러뜨리는 요소가 없는 장소, 핸드폰이나 컴퓨터가 없는 장소에 가 보는 것도 하나의 방법이다. 아주 사소한 일이라도 업무를 하나 끝내고 나면 자연스럽게 성취감이 생기기 마련이다. 성취감을 느끼면 뇌도

활성화하기 때문에 다른 일도 얼른 해치워 버리자는 식의
의욕이 끓어오를지도 모를 일이다.

Case 12

재택근무 중인데,
집중이 잘 안 돼요

TV, 책, 침대, 핸드폰까지!
유혹이 넘쳐나서 일할 의욕이 생기지 않아요.

업무 보는 장소나 의자를 바꿔 보세요!

시대의 흐름에 따라 재택근무를 도입하는 회사가 늘어나면서 일주일에 절반 이상을 집에서 일하는 사람도 늘고 있다. 물론 재택근무가 더 편하다는 사람도 있지만, 집에 있으면 아무런 의욕이 생기지 않는다는 사람도 많다. 가장 큰 원인은 기분 전환이 이루어지지 않는다는 점이다. 출근할 때는 늘 정해진 시간에 일어나 준비하고, 붐비는 대중교통을 타고서 회사로 향한다. 그 모든 과정이 '업무 모드'로 전환하는 일종의 기분 전환 프로세스인 셈이다.

그러나 재택근무를 하면 이러한 프로세스를 거치지 않아도 된다. 보는 눈도 없을뿐더러, 원할 때는 얼마든지 누울 수 있고, 휴식 시간도 자유롭게 취할 수 있다. 온라인 미팅이 없는 날은 두말할 것도 없다. 머리도 빗지 않고, 종일 잠옷 차림으로 일하는 사람이 대부분일 것이다. 일상에 자극을 주지 않으면 몸이 먼저 늘어지기 시작하다가 결국 의욕은 바닥을 친다. 온종일 일과 휴식의 경계가 모호한 상태로 지내면 몸은 편하지만, 기분 전환이 일어나지 않기 때문에 업무 효율이 크게 떨어져 밤 늦도록 일을 다 마치지 못할 수도 있다.

의식의 전환은 의욕을 불러일으키는 데 매우 중요하다. 회사 유니폼 혹은 작업복으로 갈아입거나, 화장을 하거나, 머리를 단정하게 다듬는 일을 예로 들 수 있다. 누군가를 만나지 않더라도 깔끔한 모습으로 일에 임하자. 그러면 의욕은 자연스럽게 따라올 것이다.

또한, 옷뿐만 아니라 공간을 구분하는 것도 의욕을 끌어올리는 데 효과적이다. 상황이 된다면 생활하는 공간과 일하는 공간을 나누는 편이 좋다. 그러나 집 환경은 저마다 달라서, 가족과 함께 살거나 원룸에 살아서 공간을 나눌 수 없을 때도 있겠다. 그럴 때는 앉는 의자만 바꿔도 효과가 있다. 이뿐만 아니라 같은 식탁 테이블이라도 일할 때는 평소와 다른 위치에 앉는 것 역시 하나의 방법이다. 평상시에는 테이블 오른쪽에 앉는다면 일할 때는 반대편에 앉는 식이다.

시야가 바뀌면 눈에 들어오는 풍경도 달라지므로, 자연스레 기분 전환이 이루어진다. 만약 도저히 집에서 일을 하기가 힘들다면 도서관, 카페, 코워킹 스페이스와 같은 다양한 장소에서 일해보는 것도 추천한다. 어떤 사람은 재택근무를 하면 집중이 안 돼서 장소를 옮기며 일을 해보았는데, 차 안에서 할 때가 가장 효율이 올라 이후로 계속 차에서만 일한 다고 한다. 이처럼 의욕을 불러일으키는 데 필요한 '전환'의 조건은 사람마다 천차만별이다. 그러므로 자신에게 맞는 장 소, 복장, 환경 등 업무에 집중할 수 있는 조건을 찾아보기를 바란다.

Case 13

이번에는 자격증을
꼭 따고 싶어요

시험이 코앞인데, 공부할 마음이
전혀 안 생겨요. 어떡하죠?

**문제를 열 개 풀 때마다 초콜릿을
하나씩 먹어 볼까요?
자신에게 주는 보상이랍니다!**

꼭 취득해야 하는 자격증 시험일이 당장 코앞이다. 공부에 집중하기는 힘들고, 뭘 해도 효율은 오르지 않는다. 도대체 어떻게 해야 할까? 이때는 공부할 양을 여러 구간으로 세세하게 나누고, 한 구간을 마치면 자신에게 보상을 주는 방식으로 진행하면 된다. 여기서 목표를 세분화하는 이유는 '너무 큰 목표'가 앞에 있으면 의욕을 잃어버리기 때문이다. '열 장짜리 보고서를 한 번에 제출하세요'와 '보고서를 열 번에 나눠 한 장씩 제출하세요'의 차이를 생각하면 쉽다. 아무리 큰 목표가 있더라도, 그것을 세분화해 한 번에 넘어야 할 장벽의 높이를 낮추면 훨씬 수월하게 성취할 수 있다.

자격증 시험이라면 '참고서 한 권을 다 공부하겠다'는 거창한 목표보다, '참고서를 매일 30분씩, 할 수 있는 범위만큼 공부하겠다'는 작은 목표를 세워 보자. 더 나아가, 목표를 세분화했다면 보상을 설정하자. 사람들 대부분은 공부에 대한 필요성을 느끼기는 하나, 가능하면 하고 싶지 않다고 생각한다. 그래서 '오늘은 공부해야지'라고 생각하는 것조차 스트레스로 느끼는 것이다. 이러한 인식을 바꾸기 위해서라도 '목표'와 '보상'은 한 세트가 되어야 한다.

① 30분 동안 자격증 공부를 했다면 좋아하는 음악을 한 곡 들으며 휴식한다.
② 참고서를 한 시간 동안 공부했다면 좋아하는 동영상을 15분 동안 본다.
③ 책상에 두 시간 동안 앉아 있었다면 좋아하는 과자를 먹는다.

이러한 구체적인 방법들은 '공부=하기 싫은 것'이라는 고정관념을 흔들리게 만들면서, 공부를 시작하기 쉬워지게 만든다. 단, 여기서 보상은 되도록 의욕을 끌어올릴 수 있는 것으로 준비하자.

혼자 책상에 앉아 참고서를 붙들고 있어도 글자가 눈에 들어오지 않는다면, 다른 교재를 살펴보는 것도 하나의 방법이다. 이 방법은 어른뿐만 아니라 아이들에게도 효과적인 공부법이다. 또한, 참고서에 적힌 정보들이 머릿속에 잘 입력되지 않는다면 오디오북이나 유튜브와 같은 음성 혹은 영상 교재를 활용하는 것도 좋다. 오디오북이나 유튜브 영상은 다른 작업을 하면서도 귀로 정보를 들을 수 있으므로, 틈

틈이 남는 시간을 공부 시간으로 활용할 수 있다.

그 밖에도 자격증 시험 학원에 다니는 것 역시 좋은 방법이다. 최근에는 자격증 시험 대비를 위한 일대일 온라인 수업도 다양하게 제공되고 있다.

공부법에 정답은 없다. 또한, 공부를 잘 못한다고 해서 '나는 역시 안 돼'라고 생각할 필요 역시 없다. 아직 자신에게 맞는 방법을 찾지 못했을 뿐이니 말이다. 분명 자신에게 맞는 방법이 나타날 테니, 적극적으로 찾아보기를 바란다.

Case 14

집안일이 잔뜩 쌓였어요

청소, 빨래, 설거지, 요리, 정리….
다 끝내지도 못했는데
결국 오늘도 하루가 지나가 버렸어요.

'양치 후에는 세면대 청소!'
매일의 습관을 하나의 습관으로 만들어 보세요

청소, 빨래, 설거지, 요리 등, 집안일은 뒤돌아서면 어느새 쌓여 있고, 해도 해도 끝이 없다. 청소를 시작한 지 얼마 안 된 것 같은데, 어느새 식사 시간이 다가와 장을 보러 나가야 하고⋯. 결국 아무것도 제대로 끝내지 못한 채 하루가 지나간다.

집안일은 사람이 살아가는 데 피할 수 없는 필수적인 일이다. 게다가 식사 준비나 정리처럼 어쩔 수 없이 해야 하는 일, 그리고 청소처럼 긴급도가 낮은 일이 골고루 섞여 있다. 그러므로 일의 우선순위를 정해두지 않으면 수월하게 처리하기가 어렵다.

집안일을 해야 한다고 마음먹는 데는 에너지가 필요할 뿐더러, 하나하나 그 순서를 생각하는 것도 스트레스다. 어떤 사람들은 효율성을 너무 중시한 나머지, 집안일은 최대한 쌓아뒀다가 한 번에 하자고 생각할지도 모른다. 그러나 막상 집안일을 너무 많이 쌓아두면 어마어마한 양에 질려서 오히려 하기 싫어질 때가 많다. 이럴 때 추천하고 싶은 방법이 한 가지 있다. 바로 어떤 행동을 '하는 김에' 집안일 하는 습관을 들이는 방법이다.

① 화장실에 가는 김에 가볍게 화장실 청소를 한다.
② 양치를 하는 김에 세면대를 가볍게 청소한다.
③ 사용한 식기를 싱크대에 가져갔다면 바로 설거지한다.
④ 마지막에 목욕한 사람이 욕조 물을 비우고 욕실을 청소한다.

일상적인 행동과 집안일을 하나의 세트로 묶어 습관화하면 '지금부터 집안일을 하자'고 마음먹지 않아도 되니, 그만큼 스트레스도 덜 받게 된다. 또 일상의 행동과 집안일이 연결되어 있으므로, 집안일을 쌓아두는 횟수도 줄어든다.

그리고 '오늘은 빨래하지 않는다', '오늘은 청소하지 않는다', '오늘은 요리하지 않는다' 등, 집안일을 하지 않는 날을 만드는 것도 요령이다. 물론 누구나 매일 깨끗한 집에 살면서, 손수 만든 요리를 먹고, 잘 다려진 옷을 입고 싶을 것이다. 그러나 현실에서 이렇게 이상적으로 생활하기란 어렵다. 직접 요리하기 싫을 때는 외식을 해도 되고, 저렴하고 맛있는 포장 음식도 얼마든지 있다. 또 최근에는 다려 입지 않아도 잘 구겨

지지 않는 셔츠가 나올 정도로 생활에 편리가 더해졌다.

집안일은 우리의 일상을 기분 좋게 보내기 위해 하는 것임을 잊지 말자. '집안일을 해야 하는 데 결국 못 했어'라며 주눅 든 마음으로 하루를 끝마친다면, 그날 하루가 아까울 뿐만 아니라 주객이 전도되는 셈이다. 집안일이 부담되고, 일상생활에서 마음이 무거워질 정도라면 적당히 거르면서 해도 좋다.

아니면 일부러 집안일을 하지 않는 날을 만들자. 그러면 오히려 '이날만 하면 된다'라는 완급 조절이 가능하므로 의욕도 쉽게 생긴다. 또한, 하나의 일을 마쳤다면 더 하려고 애쓰지 않아도 된다. 남은 일에 시선을 돌리지 말고 '오늘은 이 일을 했다'라는 성취감을 중요하게 여겨 보자.

다른 사람의
의욕을 북돋는 방법

Q. 의욕이 없어서 최소한의 업무만 하는 부하 직원 때문에 고민입니다. 이제는 업무의 영역을 넓혀 가면 좋겠는데요. 이럴 때 동기부여를 할 수 있는 좋은 방법은 없을까요?

A. 이 일이 어떠한 의미를 지니는지 이야기해 봅시다.

다른 사람에게 동기부여를 하기란 사실 무척 어렵다. 힘을 내라는 말처럼 감정에 호소하는 방식은 오히려 역효과를 낳아 의욕을 떨어뜨리는 원인이 될 수 있다. 오히려 의욕을 끌어올리려면 왜 이 일을 해야 하는지를 설명해 사기를 북돋는 편이 좋다. 지금 그 사람이 하는 일에 어떤 의미가 있는지, 미래에 어떤 일로 이어지고, 어떻게 도움이 되는지, 그

일의 의의와 의미를 자세히 이야기해 주자. 다만, 일방적으로 전하려고 하면 부하 직원도 수용하기 힘들 수 있다. 그래서 '그 일을 하는 의미와 의의'를 주제로 두고, 함께 이야기를 나눠 보는 것이 중요하다.

일에 대한 자세한 설명과 별개로 중요한 것이 하나 더 있다. 바로 '기대한다'는 메시지를 전달하는 방법이다. 칭찬을 들으면 행동이 바뀌는 현상을 '피그말리온 효과'라고 부르는데, 누군가 자신에게 기대를 품으면 그 기대에 부응하고 싶다는 마음이 행동에 변화를 일으킨다는 심리적 행동이다. 예컨대, '자네는 인사를 참 잘해서 영업할 때 도움이 돼'라는 말을 들으면 인사를 더 잘하려는 마음을 가지게 되고, '자네는 자료를 잘 만드니까 자료 작성을 부탁하고 싶네'라는 말을 들으면 평소보다 자료를 더 열심히 만들려는 마음이 생긴다. 아무리 작은 것이라도 부하 직원의 장점을 발견했다면 '그건 참 잘했어', '기대하고 있어'와 같은 말을 건네자.

Q. 공부하라고 입이 닳도록 말해도 듣지 않는 중학생 아들이 있습니다. 의욕을 불어넣어 줄 방법이 없을까요?

A. 아이의 장래 희망이나 꿈을 물어보고, 공부해야 하는 이유와 꿈을 함께 연결해 이야기해 주세요.

아이에게 의욕을 불어넣기 위한 가장 손쉬운 방법은 공부 이외의 일도 실컷 할 수 있게 해주는 것이다. 보통 어른들은 게임이나 운동처럼 공부와 상관없는 일에 열중하는 아이에게 '어차피 놀이'일 뿐이니 적당히 하라고 말하며 계속하지 못하게 한다. 공부는 열심히 하라고 하면서 말이다. 그러나 이러한 방식만으로 아이의 의욕을 자라게 할 수는 없다.

어떤 일에 대한 의욕을 유지하는 습관을 들이면 그것을 공부에도 적용할 수 있다. 아이가 공부에 의욕을 보이지 않아 걱정된다면, 일단 열중하는 일부터 실컷 하게 놔두기를 바란다. 그 과정에서 기른 집중력과 의욕이 분명 공부에도 효과를 발휘하리라 본다.

또 한 가지 방법은 '아이의 장래 희망과 지금의 공부가 어떻게 연결되어 있는지'를 설명하는 것이다. 아이가 공부하지 않는 이유는 무엇을 위해 공부해야 하는지, 그 목표 의식이 분명하지 않기 때문이다. 자기 인생에 어떻게 도움이 될지도 모르는 일에 무리하게 시간을 쓰기보다, 배고픔도 잊고 빠져들 만큼 좋아하는 일에 시간을 쓰고 싶은 마음은 당연하다. 아이에게 지금 하는 공부가 미래에 어떤 식으로 도움이 되는지를 구체적으로 설명하면, 동기와 목적이 연결되면서 공부에 대한 인식이 바뀐다.

예를 들어 요리사를 꿈꾸는 아이라면, 국어뿐만 아니라 영어도 구사할 줄 알아야 한다. 외국 손님을 응대하거나 해외에서도 활약하게 된다면 요리사로서의 가능성이 확장되기 때문이다. 또 대학에 진학해 영양학, 인체, 심리에 관한 지식을 공부하면 건강에도 좋고, 즐겨 먹을 수 있는 신메뉴를 고안하는 데 도움이 된다. 그렇다면 그 꿈을 위해 지금 학교 공부를 열심히 하는 것이 대전제가 된다. 이처럼, 그저 '공부해라'라고 잔소리하는 대신 그 공부가 미래에 어떻게 도움이 되는지를 최대한 구체적으로 말해주면 아이의 의욕도 분명 올라갈 것이다.

4

화를 가라앉히는 방법

'일차적 감정'을 파악하고 화를 가라앉히자!

화는 인간이 느끼는 감정 중에서도 특별하다. 우리에게는 화를 느끼기 전의 '일차적 감정'이 존재하기 때문이다. 즉, 화는 일차적 감정이 아닌 '이차적 감정'이라고 할 수 있다.

예를 들어 가족 중 한 명이 집에 늦게 들어와서, 엄마가 '늦으면 늦는다고 연락이라도 해야지!'라며 화를 내는 상황이라고 치자. 그런데 엄마는 처음부터 화가 난 것이 아니다. 처음에는 '귀가 시간이 늦어지는 걸 보니 무슨 일이 생긴 것은 아닐까?'하는 걱정과 '연락을 제대로 안 하고 어물쩍 넘기려는 것 같아 속상하다'라는 감정을 먼저 느꼈을 것이다. 그리고 그 마음이 점점 커지다가 '왜 나만 이렇게 걱정해야 하지?' 하며 화가 나고, 결국 집에 돌아온 가족에게 터뜨리게 되는 결과로 이어진다.

역 승강장에서 열차가 늦게 온다고 역무원에게 화를 내는 사람을 본 적이 있는가? 대부분 열차가 늦게 와서 지각할 것 같다는 초조함이 '왜 시간대로 운행하지 않는 거야!'라는 화로 표출된 결과다.

화를 가라앉히기 위해서는 먼저 **어떤 감정 때문에 내가 화를 내고 있는지**, 일차적 감정을 파악한 뒤 그 문제를 해결할 방법을 생각해야 한다. 특히 최근에는 '상대방에게 좋은 이미지를 심어주고 싶다'든지, '내 입장은 이러하니 이렇게 행동해야 한다'와 같은 생각에 얽매여 자기감정을 외면하는 사람이 늘고 있다.

그런데 감정은 억누를수록 퇴화한다. 감정을 억누르다 보면 점점 진짜 감정을 알 수 없게 되기도 한다. 툭하면 화가 나거나, 순간 감정적으로 받아들여 욱하는 마음이 드는 사람이라면 먼저 마음속에 있는 진짜 감정이 무엇인지를 파악하고 마주해 보기를 바란다.

Case 15

불합리한 일을 당했어요

이따위 불합리한 지시를 내리다니,
너무 화가 나서 폭발해 버릴 것만 같아요.

**머릿속으로 100에서 0까지
숫자를 거꾸로 세어 보세요.**

안 그래도 처리해야 할 일이 산더미처럼 쌓였는데, 상사가 갑자기 어마어마한 양의 일을 내팽개치다시피 나에게 넘긴다. 게다가 내가 잘 알지도 못하는 분야의 일이다. 상사는 나에게 무리한 일정을 소화하라고 강요한다. 이렇게 직장 상사가 자신에게 불합리한 방식으로 일을 떠넘기면, '왜 내 일정은 고려하지 않는 거지?'라는 서운함이 화로 변할 때도 많다. 물론 화가 나면 그 자리에서 반론하고 싶어질 수도 있다. 하지만 일단 꾹 참아야 한다. 왜냐하면 화가 난 상태에서 이야기하면 아무래도 '제 사정도 생각해 주셔야죠', '도대체 왜 그러시는 거예요?'와 같은 감정적인 발언을 하게 될 수도 있기 때문이다.

어느 한쪽이 감정을 그대로 표출하면 상대방도 당연히 감정적으로 나오기 마련이다. 그렇게 되면 대화가 순조롭게 오가기는커녕, 결국 나쁜 결과만 초래한다.

그러한 사태를 피하기 위해서라도 화가 났을 때는 그 자리를 떠나서 냉정함을 되찾는 것이 중요하다. 화에 한번 불씨가 붙으면 웬만해서는 스스로 누그러뜨릴 수 없다. 그래서 자신이 있는 장소를 강제적으로 바꿔 보면 좋다. 그러면 조금 화가 가라앉으면서 냉정함을 되찾을 수 있다.

하지만 상사와 마주하고 있는 상황에서 갑자기 자리를 떠날 수는 없는 노릇이다. 그럴 때는 그 자리를 떠나는 대신 **100부터 0까지 숫자를 거꾸로 세어 보자.** 단순한 역산처럼 보이지만 정확히 세려면 어느 정도의 집중력이 필요하다. 이렇게 다른 일에 머리를 쓰다 보면 '화'라는 감정에서 벗어나 서서히 냉정함을 되찾을 수 있다. 역산에 익숙해졌다면 자신이 좋아하는 아이돌 그룹의 멤버 이름을 순서대로 떠올려 보거나, 머릿속으로 두 자릿수 이상의 덧셈이나 뺄셈을 하는 것도 효과적이다.

만약 상사에게 전화로 불합리한 말을 들은 뒤라면 **재빨리 거울 앞으로 이동해 보기를 바란다.** 거울에 비친 자신에게 말을 걸듯 이야기하면, 감정을 객관적으로 바라볼 수 있으므로 상사로 인해 느끼는 부정적인 감정이 약해진다. 전화 통화 도중에 '이 대화를 계속하면 화가 날 것 같다', '상대방에게 화를 낼 것 같다'고 느낄 때는 얼른 거울 앞에 서 보자.

화가 조금 가라앉으면 자신이 왜 불합리하다고 생각했는지를 최대한 구체적으로 설명하자. 감정적으로 이야기하면 상대방은 당신을 이해하지 못할 것이므로 결국 언쟁으로 이어질 수도 있다.

'이 일정으로 진행하기는 어렵습니다'

'저 혼자서 진행하기에는 부족한 부분이 많으니, 과장님께서 도와주시면 좋겠습니다'

'업무 내용을 조금 더 자세히 설명해 주시겠습니까?'

이처럼 회사에서 일할 때는 자신의 상황을 구체적으로 전달하는 것이 기본이다. 일의 완성도가 떨어지면 조직 전체에 영향을 미칠 수 있기 때문이다. 상사에게 무조건 해내겠다는 식의 말이 아닌, 생산적인 업무 진행 방식을 상담하면 분명 이해해 줄 것이다.

불쾌한 말을 들었어요

동료에게 불쾌한 말을 들어
머리끝까지 화가 나요.
똑같이 말로 갚아주고 싶은데 어떡하죠?

'그런 말을 들으면 속상해'라고
담담하게 말해 보세요

우리는 다른 사람이 어떤 행동을 할 때 화가 날까? 그 대표적인 행동을 크게 네 가지로 나눌 수 있다.

① 비교 : 다른 사람과 나를 비교하는 것
　　　　ex) '너보다 내가 일 처리는 빨라'
② 부정 : 나를 부정하는 것
　　　　ex) '넌 정말 도움이 안 된다'
③ 비난 : 나의 잘못을 추궁하는 것
　　　　ex) '네가 잘못했네'
④ 비판 : 마음대로 평가하고 재단하는 것
　　　　ex) '너는 좀 이러한 면이 있어'

사람들 대부분은 이에 해당하는 행동을 당했을 때 화가 난다. 그러려니 하고 넘길 수 있으면 다행이지만, '화가 난다'는 감정을 느낀 이후로는 그 감정을 마음에 두면 둘수록 분노가 점점 증폭된다. 이럴 때는 그 자리에서 자기감정을 직접적으로 표현해 기분을 전환해야 한다. 상대방에게 자신이 느끼는 감정을 표현하고 나면 마음속의 화가 조금은 수그러드는 것을 느낄 수 있다.

특히 유교 문화권에서는 다른 사람에게 불쾌한 말을 들어도 그 상황을 웃으며 넘기려는 경향이 있다. 그러나 그것은 결국 자신의 마음에 상처를 입히고 분노를 키우는 원인이 된다. 그러니 부정적인 감정을 담아두지 않기 위해서라도 자기 의사를 분명하게 전달할 줄 알아야 한다.

'그런 말을 들으면 속상해요'
'저는 지금 상태에 만족해요. 그러니 특별한 조언은 필요 없어요'

이처럼 솔직한 감정을 상대방에게 말하자. 상대가 한 말 중에서 명확하게 무엇이 불쾌했는지 알았다면, '그런 식으로 말씀하시면 제가 할 말이 없습니다. 그러지 말아 주세요'라고 더 구체적으로 전달하는 편이 효과적이다.

또, 이런 메시지를 전달할 때는 미소를 짓거나 지나치게 화난 얼굴을 하기보다, 자신이 냉정한 상태임을 상대방이 알아차릴 수 있도록 진지한 표정을 유지해야 한다.

물론, 기분을 분명히 전달했다 한들 부정적인 감정이 바로 사라지지는 않는다. 이때 기분을 바로 전환하고 싶다면 짧은 시간에 몰두할 수 있는 일을 해 보자. 장소에 제약 없이 짧은 시간에 집중할 수 있는 일, 즉 감정 전환의 스위치 역할을 하는 일을 항상 준비해 두면 좋다. 그중에서도 가장 대표적인 감정 전환 스위치는 바로 '핸드폰 게임'이다. 거부감을 느끼는 사람도 있을지 모르겠지만, 짧은 시간에 감정을 전환하는 도구로는 핸드폰 게임이 가장 효과적이라고 할 수 있다. 테트리스처럼 짧은 시간에 게임 하나를 클리어할 수 있는 퍼즐형 게임은 한번 시작하면 게임이 끝날 때까지 집중할 수 있다. 이처럼 5분 동안 게임에 몰두해 자기 머리를 '무의 상태'로 만드는 시간을 마련하면 감정을 조절할 수 있다. 이 방법을 계속하다 보면 '5분간 게임을 하면 감정이 전환된다'는 일종의 루틴이 몸에 배기 때문에 감정 전환이 점점 수월해진다.

Case 17

다른 사람의 실수 때문에
일이 어그러졌어요

거래처에서 어처구니없는 실수를 하는 바람에
일이 예정대로 진행되지 않아 너무 화가 납니다.

향이 좋은 커피나 차를 마셔 보세요!

다른 사람이 저지른 실수 때문에 할 일이 늘어나고, 예정대로 일이 진행되지 않을 때가 있다. 이러한 상황 때문에 화가 날 때는 향이 좋은 커피나 차를 마셔 보는 걸 추천한다. 사람의 오감 중에서 후각은 유일하게 감정 및 기억을 담당하는 뇌의 부위와 직결되어 있다. 그래서 어떤 향을 맡으면 그 향과 연결된 과거의 기억이 되살아나기도 하고, 감정이 동요하기도 한다.

아로마 마사지처럼 향을 이용한 테라피가 마음을 안정시키는 효과를 내는 것도 이러한 이유에서라고 할 수 있다. 따라서 화가 날 때는 좋은 향을 맡으면 기분을 전환할 수 있다. 향의 종류는 무척 다양한데, 그중에서도 화를 진정시키는 효과가 있는 커피 향을 추천한다. '민감한 이야기를 할 때는 호텔 로비나 일반 카페가 아니라, 원두를 직접 로스팅해 진한 커피 향을 풍기는 카페에서 만나야 한다'는 말도 이와 같은 맥락이다.

따라서 같은 커피라도 더 큰 감정 전환 효과를 내려면 향을 고려하는 편이 좋다. 가령 인스턴트나 캔 커피를 마시기보다는 커피 전문점에 가고, 집에서 만나는 경우라면 드립 커피를 내리거나 그라인더로 원두를 갈아 향이 올라오게 해 보자. 이처럼 커피 향을 즐길 수 있는 분위기를 만들면 화를 누그러뜨리는 효과를 볼 수 있다.

또한, 화가 났거나 초조함을 느낄 때일수록 블랙커피 대신 우유와 설탕이 들어간 달콤한 커피를 마시는 편이 좋다. 이 책의 초반부에서 언급한 것처럼 우리를 편안하게 만드는 '세로토닌'의 원재료는 바로 트립토판이다. 그러므로 트립토판이 풍부하게 함유된 유제품이나 콩 제품을 섭취하면 불안이나 초조함이 완화되는 효과가 있다.

불안이나 초조함을 줄이고 싶을 때 빼놓을 수 없는 한 가지가 바로 '당분'이다. 당분을 섭취하면 당수치가 올라가면서 정신적 스트레스가 완화된다는 연구도 있다. 밀크커피에 설탕을 넣어 먹거나, 고구마 맛탕처럼 달콤한 음식을 먹는 것도 좋은 방법이다. 옛날부터 아이가 집에 혼자 있을 때 부모님들이 집에 달콤한 간식을 놓아둔 것에도 이러한 합리적인 이유가 있었다. 다만, 달콤한 음식을 지나치게 많이 섭취하면 당수치가 급상승해 오히려 불안함이 커질 수 있다. 커피와 함께 즐기는 설탕의 양은 각설탕 한두 개, 쿠키 한 개 정도가 적당하다.

Case 18

배우자가 자꾸 불평해요

힘들게 요리를 직접 만들어 줬는데, 맛이 싱겁다고 투덜거리고는 해요. 이럴 때마다 '그럼 직접 만들든가!'라고 맞받아쳐서 항상 싸움으로 번져요.

한숨을 크게 쉬어 볼까요?

바쁜 시간을 쪼개 열심히 요리를 만들었는데, 맛이 싱겁다느니 양이 적다느니 하는 배우자의 불평은 나에 대한 비난으로 들리기도 한다. '힘들게 만들어 줬더니 기껏 한다는 소리가 그거야?' 하며 맞받아치고 싶겠지만, 배우자는 불만이 아닌 감상을 말했을 가능성도 있다.

예전에는 '손수 만든 요리'가 좋다는 고정관념이 있었다. 그래서 사 온 반찬을 저녁 식탁에 내놓는 일에 죄책감을 느꼈었고, 배우자가 '오늘은 반찬밖에 없어?'하고 말하면 불평하는 것 같아 짜증 혹은 화가 난다는 의견도 많았다.

여기서 우리가 꼭 기억해야 할 점이 있다. 엄밀히 말해 '부부는 남'이라는 사실이다. 아무리 사이가 좋아도 모든 것을 서로 이해할 수는 없다. 상대방이 순간적으로 느낀 감정을 아무렇지 않게 말했지만, 어떤 마음으로 했는지까지는 알 수 없으니 말이다. 그 마음을 알기 위해서는 서로 차분하게 대화할 필요가 있다.

그러니 화를 내는 대신, '맛이 좀 싱거워? 그럼 간장을 뿌려서 간을 맞춰 봐', '다음에는 당신이 만든 요리를 먹고 싶다'처럼 상대방에게 구체적으로 제안해 보자. 감정을 섞지 않고 구체적인 말로 표현하는 한, 다툼으로 번질 일은 없을 것이다.

만약 차분하게 이야기하기 힘들다면 심호흡을 해보자. 심호흡은 화를 순간적으로 누그러뜨리는 데 효과적인 방법이다. 이때, 이완 효과를 느낄 수 있도록 크게 숨을 내쉬는 것이 중요하다. 단, 상대방 앞에서는 하지 말아야 한다. 부정적인 한숨으로 받아들여져 다툼으로 이어질 수 있기 때문이다.

인간의 스트레스와 호흡은 밀접한 연관성이 있다. 사람은 화나 스트레스를 느끼면 자율신경이 흥분하면서 자신도 모르게 호흡이 얕아진다. 그리고 호흡이 얕아지면 신체가 더욱 스트레스를 느끼게 되고, 이러한 악순환이 반복된다. 공황 증상이 일어났을 때 숨을 제대로 쉬지 못하는 과호흡 상태에 빠지는 이유 역시 이러한 메커니즘 때문이다.

화로 인해 흥분 상태가 되면 심호흡을 통해 마음을 안정시키려고 해도, 숨을 깊이 쉬지 못한다. 그러므로 우선 크게 한숨을 쉬면서 숨을 들이마시는 것이 아니라, 내뱉는 것에 집중해야 한다.

'후' 하고 숨을 한 번 크게 내뱉고 나서 들이마시면 호흡이 깊어지면서 자율신경이 제자리를 찾고 마음도 안정될 것이다.

심호흡할 때는 자세 역시 중요하다. 몸을 앞으로 수그린 자세에서는 공기가 폐로 원활하게 들어가지 않는다. 어깨를 돌려 힘을 뺀 뒤, 가슴을 쫙 펴고 온몸을 사용해 심호흡하면 더 큰 효과를 느낄 수 있다. 현대인들은 핸드폰이나 컴퓨터를 사용하는 시간이 많기 때문에 앞으로 구부정한 자세를 취하게 되고, 이 때문에 폐에 일상적인 압박이 가는 경우가 많다. 그러나 폐로 공기가 들어가기 힘든 자세를 취하면 호흡이 얕아질 수밖에 없다. 몸을 새우등처럼 구부리는 습관이 있는 사람일수록 주의해야 한다.

또한, 한숨 쉬는 동작은 마음이 안정될 때까지 몇 번이고 반복하기를 바란다. 부정적인 감정을 숨과 함께 몸에서 내보내는 과정이다. 한숨을 쉬면 복이 달아난다는 말도 있지만, 실제로는 오히려 정반대다. 부정적인 감정을 한숨과 함께 내뱉으면 마음도 안정될뿐더러, 행복을 찾아나가는 데 도움이 될 수 있다.

Case 19

자꾸만 질투가 나요

별것 아닌 일에도 배우자가
바람을 피운 것이 아닐지 의심하고
화가 치밀어 올라 자꾸 추궁하게 돼요.

거울을 보고 감정을 발산해 보세요

배우자가 다른 이성과 가까이 지내는 모습을 보면 누구라도 조금씩은 질투를 느낀다. 하지만 그렇다고 해서 상대방 행동에 제약을 가하거나 과도하게 의존한다면 도덕적 괴롭힘Moral Harassment으로 이어질 수도 있다. 배우자의 회사 동료나 친구 중에는 당연히 이성도 있기 마련이다. 아무리 애정이 있다고 해도 지나친 질투는 '지배'나 '집착'으로 발전할 수 있으며, 자신의 감정을 상대방 탓으로 돌리는 것은 아주 폭력적인 일이다.

'나는 당신 때문에 너무 불쾌해'
'나는 당신 때문에 우울해'

위와 같이 말하며 상대방을 책망해봤자 근본적인 해결책이 솟아나지는 않는다. 그러니 지금 자신이 상대방에게 집착하고 있다는 사실을 인정하고, 어떻게 해서든 감정을 전환하기 위해 노력해야 한다.

그러나 한번 끓어오른 질투심을 다스리기란 쉽지 않다. 게다가 무리하게 감정을 억누르다 보면 다른 일을 계기로 감정이 폭발해 버릴 수도 있다. 만약, 마음속에서 강한 질투심이 피어오른다면 그 감정을 억누르려고만 하지 말고 과감하게 밖으로 표출하자.

다만, 내면의 질투를 상대방에게 그대로 쏟아내서는 안된다. 상대방은 '또 그 소리야?', '이제 좀 그만해'라며 지긋지긋하다고 생각할 수도 있고, '자신을 믿지 못한다'고 느껴 신뢰 관계가 깨질 수도 있기 때문이다.

이럴 때는 자기감정을 먼저 안정시키는 게 중요하다. 먼저 아무도 없는 곳으로 가서 거울을 보고 내면의 감정을 털어놓자. 감정을 토해내는 동시에 거울에 비친 모습을 보면 좀 더 스스로 객관적으로 바라볼 수 있다. 또한 친구에게 '배우자의 이런 행동이 너무 신경 쓰여서 힘들어. 그러지 않으려고 해도 자꾸 질투가 나'라고 마음이 풀릴 때까지 이야기하는 것도 효과적이다. 만약 친구에게 말하기 힘들다면, 전화 상담 등을 이용하는 방법도 있다. 즉, 자신의 감정을 배우자 이외의 대상에게 표현하는 것이 중요하다.

배우자의 어떤 모습이 바뀌기를 바란다면 정확하게 말로 표현하자. 아무리 사이가 좋아도 불만은 말하지 않으면 전달되지 않는다. 단, '당신 바람난 거 아니야?', '왜 내 기분을 몰라주는 거야?'라고 불만을 일방적으로 표현해서는 안 된다.

'내가 걱정이 지나친 걸지도 모르지만 요새 몇 시간이나 답장이 없을 때는 불안해'

'걱정되니까 메시지를 받으면 ○○까지는 답장을 주면 좋겠어'

이렇게 '나'를 주어로 놓고 표현하는 것이 요령이다. 이처럼 '나'를 주어로 삼아 말하는 것을 '나 대화법'이라고 부르는데, 자기감정이나 생각을 전달하는 것에 초점을 맞추므로 상대를 비판하는 요소가 없어 말이 부드럽게 전달된다.

또한, 말할 때는 되도록 부드러운 표정과 목소리 톤을 유지해야 한다. 아무리 '나 대화법'을 활용한다 한들, 표정이 딱딱하거나 말투가 너무 강하면 상대방을 추궁하는 느낌을 줄 수 있기 때문이다. 질투처럼 강한 감정일수록 더욱 차분한 자세로 전달할 수 있도록 표정과 목소리 톤에도 신경 쓰기를 바란다.

5

속상함을 지우는 방법

슬픔을 치유하는 약, '시간'

슬픈 감정이 마음에 한 번 들어오면 완전히 사라질 때까지는 어느 정도 시간이 걸린다. '시간이 약'이라는 말도 있듯, 슬픔을 지우는 데 가장 필요한 것은 바로 '시간'이다. 아무리 슬픈 마음을 지금 당장 지우려 애써도 그 감정을 바로 지우기란 어렵다. 시간과 함께 서서히 치유해 나가는 것이 가장 좋은 방법이다.

하지만 슬픔이나 속상함을 무조건 부정적인 감정이라고 여길 필요는 없다. 사람은 실수와 실패를 통해 배우는 점도 많기 때문이다. 그래서 상담 분야에서는 이런 말을 자주 사용하고는 한다.

'상처받고, 깨닫고, 쌓아간다'

사람은 상처나 충격을 받으면 무언가를 깨닫게 된다. 그 깨달음을 발판 삼아 새로운 단계로 나아가고, 새로운 무언가를 재구축할 수 있다. 즉, 사람은 슬픔을 통해 변화하고 성장할 수 있다는 의미다.

  사람들 대부분은 '안정'을 원한다. 그래서 일이 잘 풀리지 않을 때는 웬만해서 환경을 바꾸려고 하지 않는다. 또한, 일이 잘 풀릴 때는 더 그렇다. 그러나 현대 사회를 살아가기 위해서는 계속해서 변화하는 환경에 대응해 자신을 유연하게 바꿀 수 있는 사람만이 살아남을 수 있다. 변화하지 않으면 언젠가 시대에 뒤처져 넘어지고 말 것이다. 슬프다고 생각될 때는 성장할 기회가 왔다고 긍정적으로 생각하자. 물론, 이렇게 말하면 좀처럼 받아들이기 힘들지도 모른다. 그러나 슬픈 감정을 경험하더라도 부정적으로만 받아들이지 말고, 자신이 변화할 시기가 찾아온 것일지도 모른다고 긍정적으로 생각하면 좋겠다.

Case 20

속상한 일이 생겼어요

정말 열심히 일했는데,
원하지도 않았던 부서로 이동하게 되었어요.
너무 속상해서 새로운 업무가 손에 잡히지 않네요.

방을 어둡게 하고 충분히 슬퍼하세요

나름대로 정말 열심히 일했는데, 생각했던 것만큼 좋은 평가나 대우를 받지 못할 때가 있다.

'열심히 노력했는데 왜 좋은 평가를 받지 못했을까'
'내 노력이 전달되지 않은 걸까?'

그럴 때는 이렇게 슬픈 감정이 밀려온다. 그러나 조금이라도 빨리 속상한 마음에서 벗어나는 방법은 바로 '충분히 슬퍼하는 것'이다. 충분히 울고, 어두운 방에서 우울해하고, 외출하지 않고 방에 있으면서 속상한 이유를 생각하고, 힘들었던 장면을 반복해서 떠올리자. 슬픔에 몸을 맡기고 자신의 감정을 정면으로 마주해야만 슬픔으로부터 해방될 수 있다. 이를 위해서는 주변 환경을 먼저 조성해야 한다. 방을 캄캄하게 만들어 다른 불필요한 요소가 눈에 들어오지 않게 하자.

그리고 누가 연락을 해도 받을 수 없도록 핸드폰의 전원을 끄자. 그밖에 불필요한 정보 역시 들어오지 않도록 TV 전원도 끈 뒤 외부로부터의 정보를 완전히 차단한다.

환경이 만들어졌다면 상사나 주변 사람들에게 들은 '상처되는 말'이나 '속상했던 장면'을 몇 번이고 머릿속에서 반복해 떠올리자. 부서 이동을 왜 지시 받았는지 철저히 분석해 보는 것도 좋다. 무리하게 결론 내리지 않아도 괜찮다. 당신이 슬픔을 느낀 이유가 '좋은 평가를 받지 못했다'는 배신감 때문인지, 아니면 '창피하다'는 마음 때문인지, 그것도 아니면 '인정받을 기회를 놓쳤다'는 속상함 때문인지, 혹은 다른 이유가 있는지를 철저하게 분석해 보자.

이처럼 **충분히 슬퍼하는 과정** 없이 슬픔을 삼키기만 한다면, 이러한 감정들은 해소되지 않은 채 마음속 깊은 곳에 계속 남아 있게 된다. 즉, 그 감정을 마주하지 않으면 몇 년이라는 시간이 흘러도 응어리는 사라지지 않는다.

그러므로 슬픈 감정을 느꼈을 때는 그 감정을 충분히 마주해야 한다. 머릿속에서 감정을 마주하다 보면 신기하게도 문득 '이제 괜찮은 것 같다'라고 느끼는 순간이 분명 찾아온다. 물론, 괜찮다는 마음을 먹기까지 걸리는 시간은 사람마다 다르다. 하룻밤이 될 수도 있고, 일주일, 길게는 몇 년이 걸릴 수도 있는 일이다. 그러나 중요한 것은 충분히 슬퍼하는 시간을 가져야만 슬픔에서 빨리 해방될 수 있다는 사실이다.

마음이 조금 진정되었다면 부서 이동을 했을 때의 장점도 생각해 보자. 만약 같은 부서에 계속 있었다고 가정한다면, 실적을 유지하기 위해 애써야 했을지도 모른다. 또 점점 거만해질 수도 있겠다. 하지만 부서 이동을 하게 되어 그런 일을 겪지 않게 되었으니 오히려 다행일지도 모른다. 또, 이동한 부서에서 새롭게 경험한 일이나 만나는 사람들이 이후의 삶에 엄청난 영향을 끼칠지도 모를 일이다. 즉, 이번 부서 이동이 인생의 전환점이 될지 어떨지는 생각하기 나름이다. 현재가 과거를 치유한다는 말처럼, 생각을 바꾸면 과거의 실패를 성공으로 바꿀 수 있다. 부정적인 감정을 충분히 느끼고, 그 감정에서 해방되었다면 다음 단계로 나아가기를 바란다.

Case 21

배우자에게 차가운 말을 들었어요

배우자와 다퉜는데 상처 되는 말을 들었어요.
배우자를 생각할 때마다
그 말도 같이 떠올라서 너무 속상해요.

슬픈 영화나 음악을 틀어 놓고
실컷 눈물을 흘리세요

믿었던 배우자에게 심한 말을 들었을 때 받는 충격은 말로 다 헤아릴 수 없다. 내가 믿었던 사람이기에 더더욱 앞으로 같은 상황에 빠지지 않게 대책을 세워야 한다. 어떻게 그런 말을 할 수 있냐고 말하며 흐느끼지 말고, 앞 장에서 소개한 '나 대화법'을 적용해 '그런 말을 들으면 나는 너무 속상해. 앞으로 그런 말은 하지 않았으면 좋겠어'라고 마음을 전달해 보자.

간혹 마음을 표현하기 힘들어하는 사람도 있다. 그러나 아무리 가까운 사이여도 직접 말하지 않으면 상대에게 전달할 수 없는 것이 생각보다 많다. '우리 사이니까 굳이 말하지 않아도 알겠지'라고 생각할지도 모르지만, 상대에게는 무척 어려운 숙제나 다름없다. 분명하게 말로 표현하지 않으면 상대방은 그 말 때문에 당신이 얼마나 상처받았는지 전혀 알지 못한다.

좋아하는 사람이 자신을 싫어하게 될까 두려운 나머지, 속상해도 의견을 말하지 않은 채 감정을 꾹꾹 누르는 사람이 있을지도 모른다. 하지만 무조건 참는 것만이 능사는 아니다. 참기만 하면 언젠가 그 관계는 깨지고 말기 때문이다. 배우자는 당신과 다른 사람이다. 그러므로 반드시 서로의 의견을 나누고, 생각을 조율하는 과정이 필요하다.

마음에 상처를 입었을 때는 '이런 말을 들으면 나는 속상해'라고 분명하게 말해야 두 사람의 관계를 성장시킬 수 있다는 사실을 기억하기를 바란다.

배우자로부터 상처 되는 말을 듣고 나서 좀처럼 기분이 나아지지 않는다면 실컷 울어 보자. 앞서 언급한 것처럼, 속상한 일이 있을 때 가장 마음을 빨리 회복하는 방법은 슬픔을 적극적이고 구체적인 방식으로 표현하는 것이다.

웬만해서 눈물이 나지 않을 것 같다면, 나도 모르게 눈물이 뚝뚝 떨어질 정도로 슬픈 영화, 드라마, 소설, 만화 등을 감상해 보는 것도 좋은 방법이다. 최근 K 드라마가 세계적으로 유행하는 이유 중 하나 역시 시청자의 감정을 뒤흔들어 한바탕 울게 하는 장면이 있기 때문이 아닐까.

슬픈 영화나 드라마를 보며 흘리는 눈물과, 배우자에게 심한 말을 듣고 흘리는 눈물은 그 종류가 다르다고 생각할지도 모른다. 하지만 여기서 중요한 것은 어쨌든 눈물을 한바탕 흘린다는 점이다. 이때만큼은 등장인물에 감정을 이입해 실컷 눈물을 흘리며 마음을 개운하게 만들어 보기를 바란다. 영화나 드라마를 좋아하지 않는 사람이라면 음악을 들어도 좋겠다.

특히 학창 시절, 우울할 때 들었던 곡이 있다면 다시금 꺼내어 봐도 좋다. 음악은 기억과 밀접한 연결고리를 가지고 있으므로 감정을 흔드는 역할을 한다. 음악을 들으며 흠뻑 감상에 젖어 보기를 바란다. 물론, '눈물샘을 자극하는' 노래들도 많지만, 친숙하지 않은 곡은 오히려 기억이나 감정을 불러일으키지 못하므로 눈물이 잘 나지 않는다. 중·고등학교 때 들었던 노래야말로 당시의 기분을 더 잘 떠올리게 해 주기 때문에 눈물을 흘리기에도 적합하다.

Case 22

아이에게 차가운 말을 들었어요

아이를 혼냈더니 '다른 부모님 밑에서 태어나면 좋았을 텐데'라고 말하네요. 너무 마음이 아픕니다.

**속상한 마음을 아이에게
그대로 전하세요!**

애지중지 키운 아이가 다른 부모님 밑에서 태어났으면 좋았겠다고 말한다면, 너무 속상한 나머지 욱해서 아이를 혼낼지도 모르겠다. 하지만 그렇다고 아이를 무턱대고 혼내면 아이의 마음에도 속상함과 분노만 남을 뿐이다. 그러니 혼내는 대신 '그런 말을 들으면 엄마(아빠)는 속상하단다'라고 표현해 보자. 이때, 표정에서도 그러한 마음이 느껴지도록 잘 전달해야 한다. 아이는 부모가 자신을 혼내면 반발심을 가지게 되지만, 부모가 솔직한 마음을 표현하면 자신이 말한 것을 다시 한번 되돌아보게 된다.

또한, 당장 느낀 감정을 상대방에게 분명히 전하면 슬픈 마음이 조금은 줄어드는 효과가 있다. 슬픔을 무리하게 억누르려고 하면 지금 당장은 참을 수 있을지 몰라도, 나중에 비슷한 일이 생겼을 때 감정의 화살이 아이에게로 향할 수도 있다. 그러니, 아이의 말과 행동으로 인해 속상하다면 '지금 네가 한 말 때문에 나는 속상하다'라는 메시지를 아이에게 분명하게 전달하자.

부모라고 해서 아이가 한 말을 모두 수용할 필요는 없다.

'그런 행동을 하면 속상해', '그런 말을 들으면 마음이 아파' 라고 확실하게 전해야 한다. 그리고 아이와 함께 그 말을 한 배경과 이유에 대해 충분히 대화하는 것도 중요하다. 공부하라는 부모의 말 때문에 친구와 놀러 가지 못해서 화가 난 것인지, 친구들이 하는 게임을 사달라고 했지만 받지 못해서인지, 아니면 단순히 장난을 쳤는데 꾸중을 들어서인지 등의 이유가 분명히 있을 테다. 또 가끔은 사실 부모에게 전하고 싶은 말은 전혀 다른 것이었는데, 표현에 서툴러 다르게 표현했을 가능성도 있다.

더불어 아이의 발달 단계에 따라 조금씩 다른 대처 방법을 취해야 한다. 예를 들어 약 아홉 살까지는 대개 유아기의 특징이 남아 있으므로, 사물을 객관적으로 판단하기가 어렵다. 그래서 부모가 분명하게 일러주지 않으면 왜 그 말이 나쁜지, 그 말을 하면 상대방이 어떻게 느끼는지, 상대방이 왜 상처받는지 등을 이해하기 힘들다.

반면, 초등학교 고학년부터는 객관성이 싹트기 시작하는 시기다. 그러므로 '사춘기의 반항'처럼 다른 요소가 얽혀 있을 가능성도 있다. 따라서 아이가 한 말 이면에 어떤 감정이 숨겨져 있는지를 대화로 끌어내는 것이 중요하다. 아이가 한 말이라고 가볍게 지나치면 나중에 비슷한 일이 있을 때 아이가 같은 말을 사용해 자신이나 다른 사람에게 상처를 줄 수도 있다. 부모는 그런 상황을 방지하기 위해 '이런 말을 했을 때 상대방은 어떻게 느끼는지', '이런 상황에서 써야 할 바른 표현은 어떤 것인지'를 아이에게 정확하게 가르칠 의무가 있다.

아이에게 '해서는 안 되는 말이나 행동'은 끊임없이 가르치고 일러주어야 한다. 한번 말하고 끝낼 것이 아니라, 몇 번이고 일관성 있게 말하는 것이 중요하다. 오늘은 넘어간다는 식의 예외를 두어서는 안 된다. 아이가 살아가는 데 있어 인생의 기반이 되는 것이므로, 아이가 싫어하는 반응을 보이거나 반발하지 않을까 너무 겁내지 말고 '안 되는 것은 안 된다'라고 단호하게 말하자.

메시지를 보냈는데 쌀쌀맞은 답변을 받았어요

메시지를 길게 보냈는데, 답장을 열어보니 달랑 이모티콘 하나가 전부였어요. '혹시 나를 싫어하는 건 아닐까?'하는 생각 때문에 속상해요.

욕조에 들어가거나 마사지를 받아 몸을 부드럽게 풀어주세요!

가끔 장문의 메시지를 보냈는데, 이모티콘 하나만 덩그러니 찍힌 답장이 돌아올 때가 있다. 그럴 때면 '나를 싫어하나?', '내가 무시당하고 있나?'와 같은 의심을 품기도 한다. 보통 우리는 다른 사람에게 무언가를 하면 그만큼 되돌려받고 싶어 한다. 그러므로 상대도 똑같이 장문의 메시지를 써서 보내줄 것이라 기대하는 마음 역시 이해한다. 하지만 속상해하기 전에 잠시 생각해 보자. 그리고 부정적인 상상이 떠오를 때는 냉정하고 더 객관적인 시각을 가지기 위해 그만큼 긍정적인 상상을 해보기를 바란다.

① 부정적 상상
　'나를 무시하니까 답장을 장문으로 안 보내는 거야'
　'애써 길게 써서 보냈는데, 제대로 읽은 건 맞아?'
② 긍정적 상상
　'상대방도 메시지는 읽었지만, 지금은 답장을 보낼 여유가 없을지도 몰라'
　'핸드폰 배터리가 얼마 안 남아서 장문을 쓸 시간이 부족했나 보다!'

위의 예시처럼 얼마든지 긍정적으로 생각해 볼 수 있겠다. 이처럼 속상함을 느꼈더라도 '내 추측일지도 몰라'라고 생각하면서 객관적으로 다른 선택지나 가능성을 고려해 보자. 충동적인 감정에 휩싸여 왜 제대로 답장하지 않느냐는 등의 메시지는 보내지 않도록 주의하자.

또한, 감수성이 예민한 사람일수록 충격적인 일이 생기면 온통 신경이 그쪽으로 쏠리면서 헤어 나오기 힘들어한다. 그럴 때는 다른 일에 집중할 필요가 있다. 특히 마사지나 목욕 등, 몸과 마음을 안정시킬 수 있는 시간을 가지면 좋다.

사람의 몸과 마음은 연동되어 있어서 마음만 치유하려고 들면 잘 낫지 않는다. 마음이 힘들면 몸의 근육이 뻣뻣해지면서 호흡수가 줄어들고 체온이 떨어지기도 한다. 그래서 일단 몸을 편안하게 풀면 슬픈 감정은 조금씩 완화된다.

감수성이 예민한 사람들은 '편안함'을 느끼는 센서가 민감하므로 아로마 테라피나 마사지를 받으면 효과적이다. 몸을 부드럽게 풀어주면 슬픔으로 가득 찬 감정에서 조금씩 해방될 수 있다. 만약 시간이 없어 아로마 테라피를 받기 힘들다면, 욕실에 좋아하는 향을 가득 채운 채 목욕하는 것도 방법이다. 몸을 풀면 차츰 마음도 풀리면서 슬픈 감정이 희미해진다.

몸을 충분히 풀었다면 일찍 잠자리에 들자. 잠을 자는 동안에는 머릿속이 정리되고, 마음도 점점 안정을 되찾아 갈 것이다. 아침에 일찍 일어나면 언제 그랬냐는 듯 기분이 바뀌어 '내가 왜 속상해했지?'하고 이상하게 여길지도 모를 일이다.

Case 24

연인의 연락이 뜸해서 속상해요

항상 제가 먼저 연락하는 편이에요.
연락을 달라고 재촉했는데,
답장이 없으면 더 속상해요.

**핸드폰 전원을 끄고
스트레칭을 해볼까요?**

연인의 연락이 점점 뜸해지면, 누구라도 '나에 대한 애정이 식었다'고 느껴 속상하거나 불안할 수 있다. 다만, 그 불안의 양이 허용할 수 있는 한계를 초과하면 분노로 바뀌어 다투게 되고, 결국 두 사람의 관계는 악화하고 만다.

속상함으로 인한 집착은 시간이 흐를수록 자신은 물론 상대 역시도 괴롭게 한다. 그러므로 속상함이 커져 집착으로 변하기 전에 그 감정을 털어내야 한다. 상대방에게 연락이 없다면, 초조함을 느끼기 전에 핸드폰의 전원을 과감히 끄자. 연락이 안 와서 안달하는 마음이 생기면 쓸데없는 속상함만 커진다. 또한, 연락이 안 되는 시간 동안 사고가 난 건 아닐지, 핸드폰을 떨어뜨린 것은 아닐지 하는 불안함 역시 끝 없이 커진다. 그러니 핸드폰 전원을 끄고 손이 닿지 않는 곳에 놓아둔 다음, 연인과 전혀 상관없는 일에 몰두해 보자.

게임, 독서, 영화, 그밖에 마음을 다른 곳에 둘 수 있는 일이라면 무엇이든 상관없다. 다만, 그중에서도 스트레칭을 추천한다. 우리 몸은 슬픈 감정을 느끼면 긴장하고, 심박수가 올라가며, 머릿속이 점점 부정적인 생각으로 가득 찬다. 그러나 몸을 움직이면 쾌락을 느끼는 호르몬인 도파민, 정신을 안정시키는 효과가 있는 세로토닌, 의욕을 자극하는 테스토스테론 등. 정신에 좋은 영향을 주는 호르몬이 분비되어 긍정적인 감정을 느끼게 된다. 실제로 부정적 사고 경향이 있는 사람이 적당한 근육 스트레칭을 시작했더니, 감정이 긍정적으로 변한 사례도 보고된 바 있다.

스트레칭이 힘들다면 10초간 전력 질주하기, 몇 분간 걷기, 계단 오르내리기 등, 편한 방법으로 신체를 움직여 보기를 바란다. 행동을 바꾸면 감정에도 놀라운 변화가 일어난다.

또한, 같은 감정을 느끼지 않더라도 '감정을 제어하는 방법'을 꼭 익혀야 한다. 그 이유는 감정을 제어하지 못하면 끝없는 불안에 휩싸이고, 괴로움에서 벗어나지 못하기 때문이다.

내 감정은 나만이 처리할 수 있다. 아무리 가까운 사이여도, 부정적인 감정을 쏟아내는 것은 상대에게 가하는 폭력이나 다름없다. 하지만 '감정 폭력'을 휘두르는 사람은 그 사실을 스스로 깨닫지 못한다. 감정은 스스로 조절하는 것이며, 다른 사람에게 쏟아내서는 안 된다는 걸 명심하자.

더 나아가 '불안'은 마음가짐에 따라 조절할 수 있다. 말하자면 감정은 '파도'와 같기 때문이다. 쓰나미처럼 거센 감정이 밀어닥치면 좀처럼 막아내기 어렵다. 그러므로 되도록 평소에도 '잔잔한 물결'과 같은 평온한 감정 상태를 유지하는 것이 중요하다. 이를 위해 가장 좋은 방법은 자신의 감정을 지나치게 억누르지 말고, 불안하거나 슬픈 감정을 적절하게 표출하는 것이다. 마음이 힘들 때는 혼자 끙끙 앓지 말고, 누군가에게 이야기하거나 마음을 치유하는 테라피를 받거나, 고민 상담 창구를 이용해 보자. 평상시로부터 감정 상태를 잘 유지하는 습관을 들이면 교제 상대의 행동 때문에 불안함을 느끼는 빈도가 훨씬 줄어들 것이다.

다른 사람의
속상함을 지우는 방법

Q. 후배가 업무 실수를 했는데 그 뒤로 축 처져 있습니다. 어떻게 하면 자존심에 상처를 내지 않으면서 위로할 수 있을까요?

A. 그저 상대의 이야기를 잘 들어 주는 것만으로도 충분합니다.

우울해하는 사람을 위로할 때 지켜야 할 철칙이 하나 있다. 조언도, 부정도 하지 말아야 한다는 점이다. 그리고 그저 상대의 이야기를 잘 들어주면 된다. 이야기를 듣다 보면 상대가 잘 되기를 바라는 마음에 '그건 이런 식으로 하면 좋았을 것 같아', '회사에서 나가라고 한 것도 아닌데 그렇게 축 처져 있을 필요 없어', '교통사고를 당한 것보다 낫잖아'와 같은 조언을 하고 싶을 때가 있다. 하지만 이런 상황에서는 그 마음을 꾹 참아야 한다. 사람의 마음은 다른 사람이 조절할 수 없기 때문이다. 마음이 우울할 때는 그 어떤 멋진 아이디어나 조언도 쓸데없는 참견으로밖에 들리지 않는 법이다.

실의에 빠진 사람을 무리하게 건져내려고 한들, 정작 우울해하는 사람의 마음이 따라오지 못하므로 스스로 감정을 추스를 때까지 기다릴 수밖에 없다. 그러므로 조언하기 전에 상대가 마음에 쌓인 불만을 실컷 표출하도록 돕는 것이 중요하다.

상대의 감정을 충분히 수긍한 뒤에는 '그 실수는 이런 식으로 볼 수도 있지 않을까?' 하고 긍정적인 관점에서 조언을 건네는 것은 오히려 좋다. 이것을 리프레이밍Reframing이라고 부르는데, 관점을 바꾸는 역할을 한다. 사물은 보는 관점에 따라 다르게 해석된다. 그러니 '이렇게 생각할 수도 있을 것 같아'라는 식의 긍정적인 표현으로 말해주자.

또한, 상대방의 이야기를 듣는 시간이 90이라고 치면, 조언은 10만큼만 해도 충분하다. 정말 중요한 것은 상대의 이야기를 듣는 것이며, 조언은 어디까지나 덤으로 건네는 것임을 꼭 기억하자.

Q. 엄마가 오랜 시간 애정을 가지고 키우던 고양이
　　가 무지개다리를 건넜어요. 슬픔에 빠진 엄마를
　　어떻게 위로하면 좋을까요?

A. 고양이와 함께 한 추억 이야기를 들어 주세요.

　소중한 반려동물을 떠나보내는 일은 무척 괴롭고 슬프다.
동물은 사람과 달리 말로 상처 주지 않는다. 그래서인지 많
은 사람이 실제 가족 이상으로 반려동물에게 마음을 의지하
기도 한다.
　반려동물이 죽었을 때 느끼는 상실감은 다 헤아릴 수 없
다. 만약 주변에 이러한 상황에 놓인 사람이 있다면 먼저 충
분한 시간 동안 슬퍼할 수 있도록 도와주자. 또한 무리해서
긍정적인 모습을 보여주거나, 일부러 밝게 행동할 필요도
없다고 말해주자. 상대방이 안정을 찾을 때까지 추억 이야
기를 충분히 들어주는 것도 좋다.
　더불어 반려동물을 잃은 사람에게 절대 해서는 안 되는
말이 있다. 그것은 바로 '언제까지 울고 있을 거야?', '이러면
죽은 ○○이가 슬퍼하지 않겠어?'와 같은 상대의 회복을 무

리하게 재촉하는 듯한 표현이다. 그런 말을 들을 때마다 상대의 슬픔은 줄어들기는커녕, 오히려 증폭된다. 반려동물과의 추억 이야기나 상대방이 현재 느끼는 슬픈 감정을 충분히 들어주는 일에만 전념해야 한다.

6

불안을 달래는 방법

사용하기에 따라 긍정적인 힘이 되기도 하는 '불안'

소화기관이 약한 사람일수록 열차에 타기 전이나, 회의에 들어가기 전 같은 상황에 불안을 느낀다. 갑자기 배가 아프거나 화장실에 가고 싶은 상황이 걱정되기 때문이다. 불안에 한 번 휩싸이면 실제로는 아프지 않은데 아픈 것처럼 느껴져 오히려 불안이 더 커지기도 한다.

이처럼 아직 발생하지 않은 일들에 느끼는 불안함을 '예기 불안'이라고 부른다. 예기 불안은 의식할수록 심해진다는 특징이 있으며, 한번 불안을 느끼기 시작하면 점점 눈덩이처럼 커진다. 그렇게 되면 대개 자신의 상태를 더 의식하게 된다. 사람에 따라서는 복통이나 호흡 곤란, 가슴 두근거림 등의 증상이 강하게 발현되면서 불안이 불안을 부르는 악순환에 빠지기도 한다.

이러한 악순환을 끊어내기 위해서는 '불안은 무조건 해로운 것이 아니다'라는 전제를 받아들여야 한다. 중요한 발표나 행사에 임할 때는 완전히 안정적인 상태보다 적당히 불안한 상태가 낫다. 실수를 방지하기 위해 꼼꼼히 준비하므로, 그만큼 좋은 성과로 이어지기 때문이다. 또한, 등산이나 암벽 등반 같은 익스트림 스포츠를 할 때도 불안은 큰 도움을 준다. 위험한 운동은 단 한 번의 실수로도 목숨을 잃을 수 있다. 그래서 불안이 심한 사람은 무엇이든 철저하게 준비하고, 그만큼 실수할 확률은 줄어든다.

이처럼 불안은 사용하기에 따라 긍정적인 힘으로 바꿀 수 있다. 불안은 무조건 부정적이라는 편견을 버리고, 불안을 잘 활용해 나만의 무기로 삼아 보기를 바란다.

Case 25

제가 일을 잘할 수 있을까요?
자신이 없어요

마감을 지킬 수 있을까요? 완성도 있게 일을
마무리할 수 있을까요? 문제가 생기지는 않을까요?
머릿속에 자꾸 나쁜 생각만 맴도는데
어떡하면 좋을까요.

일정을 앞당겨 무조건 일을 시작하세요!

업무가 완성 단계에 가까워질수록 무언가 빼먹은 듯한 불안이 커질 때가 있다. 그런데 잘 생각해 보면 이 같은 불안은 대부분 아직 아무것도 일어나지 않은 상태에서 발생한다.

여기서 공포와 불안의 차이에 대해 살펴보자. 우선, 공포는 공포를 느끼게 하는 명확한 대상이 항상 존재한다. 그래서 공포에 대처하기는 비교적 쉽다. 반면, 불안은 명확하거나 구체적인 대상이 존재하지 않는 감정이다.

예컨대 공포의 대상이 회사의 무서운 상사라면, 상사가 물어보기 전에 먼저 보고함으로써 혼날 일을 만들지 않을 수 있다. 또 집에서 공포의 대상인 바퀴벌레를 발견했을 때는 집을 깨끗이 청소하고, 정기적으로 방충망을 교체하거나, 강력한 살충 스프레이를 준비하는 등 구체적인 대비책을 세울 수도 있다.

그러나 불안은 어떤 조짐, 징후가 없는 대상에 느끼는 막연한 감정이다. 아직 아무런 일도 발생하지 않았는데 지진과 같은 재난이 발생하지는 않을지 지나치게 걱정한다거나, 몸이 건강한데도 병에 걸리지 않을까 두려워하는 것이다.

이처럼 일어나지도 않은 일에 대해 불안을 느끼고 행동에 제약을 거는 사람은 생각보다 많다. 하지만 이는 모두 쓸데

없는 걱정에 불과하다. 그럼 이렇게 아직 일어나지 않은 일에 대해 막연히 불안을 느낄 때는 어떻게 대처하면 좋을까? 가장 효과적인 방법은 일단 '행동'하는 것이다. 불안한 감정은 행동을 통해 잠재울 수 있기 때문이다. 일정을 지킬 수 있을지, 문제가 일어나지는 않을지, 완성도를 보장할 수 있을지 등의 고민은 대부분 일정을 앞당겨 시작하다 보면 일어난다 해도 충분히 수습할 수 있는 일이다.

그러나 불안을 그대로 두면 몸을 움직이는 게 점점 힘들어진다. 뭐가 되었든 눈에 보이는 형태로 만들어 내자. 일단 하고 본다는 마음가짐으로 일을 시작하기를 바란다. 그러면 업무 전체를 파악해 보거나 다른 사람에게 보여주며 조언을 구할 수 있으므로 완성도 문제에서 오는 불안도 없앨 수 있다.

사람들이 불안해하거나 걱정하는 일의 96퍼센트는 아직 일어나지 않은 일이라고 한다. 즉, 걱정거리나 불안은 대부분 기본적으로 망상에 불과하다고 할 수 있다. 불안을 느끼기 때문에 그 불안이 현실에서도 일어난다는 의미다. 이와 같은 일을 방지하기 위해서라도 지금 이 순간 해야 할 일에 초점을 맞추기를 바란다. 이것이 막연한 불안을 해결하는 데 가장 효과적인 방법이다.

만약, 도저히 불안을 지울 수 없다면 최악의 사태와 결과를 상대적으로 비교해 보기를 바란다. 불안을 객관적으로 바라보고 그 사태의 긍정적인 면으로 눈을 돌리는 것도 중요하다. 예를 들어 불안한 정도를 10점 만점의 점수로 매겨 보고 업무에 실패했을 때 0점에 해당한다고 볼 수 있는 최악의 사태를 지정해 기준 삼으면 된다. 여기서는 '직장을 잃는 것'이라고 설정하겠다. 그럼, 이번에는 업무에 실패해서 상사에게 잔소리를 들을 때는 몇 점이 될지 비교해 점수를 매겨 보자. 아무리 심한 잔소리를 듣는다 한들, 당연히 0점보다는 높을 게 분명하다. 이 둘을 비교해 보면 '직장을 잃는 일에 비하면 아무것도 아니라고' 느껴지면서 마음이 한결 가벼워질지도 모른다.

불안한 감정에 이끌리지 말고 지금 당장 해야 할 일을 하다 보면 결과는 자연스레 따라오기 마련이다.

똑같은 업무 실수를 반복할까 봐 걱정돼요

실수한 원인을 분석하고, 대책도 세우고 있지만
또 실패할 거라는 생각만 자꾸 떠올라요.

잠시 쉬면서 기분을 리셋해 보세요!

간단한 일에도 자꾸 같은 실수를 연발하는 경우, 책임감이 강한 사람일수록 더 많이 불안해한다. 그렇다면 같은 실수를 반복하는 원인은 도대체 무엇일까?

첫째, 건강 상태 악화로 인한 집중력 저하를 들 수 있다. 수면시간이나 영양이 부족해 건강 상태가 악화하고, 휴식 시간이 모자라 피로가 쌓이면 우리가 생각하는 것보다 집중력이 많이 떨어진다. 집중력이 떨어지면 당연히 부주의로 인한 실수가 늘고, 평소라면 절대 하지 않을 실수를 저지르기도 한다.

최근 같은 실수를 자꾸 되풀이하거나, 같은 실수를 저지르지는 않을지 불안을 느낀다면 우선 건강 상태를 점검해 보기를 바란다. 곰곰이 생각해 보면 최근 수면 부족, 불규칙한 식사, 휴식 시간 부족 등의 원인이 숨어 있을지도 모른다. 원인을 찾았다면 가장 먼저 해야 할 일은 휴식을 취해 몸을 회복하는 것이다. 처리해야 할 일이 남았겠지만, 일단 최대한 빨리 집으로 돌아가 좋아하는 음식을 먹고 일찍 잠자리에 들자. 충분한 휴식을 통해 몸과 마음을 건강하게 만들고 나면, 심신의 상태가 회복되면서 부주의로 인한 실수도 줄어들 것이다.

둘째, 사내 인간관계에서 비롯되었을 가능성도 있다. 업무 실수를 하는 원인이 본인의 주의 부족이나 능력 부족이라고 여기는 사람이 많다. 그러나 알고 보면 인간관계가 걸림돌이 되는 사례도 적지 않다. 직장 내에서 심리적인 스트레스가 쌓이면 감정이 몸에 영향을 미치기 때문에 업무 성과가 저하된다.

예를 들어 직속 상사를 대하기 어려운 경우, 상사 앞에 서면 자신도 모르게 위축되어서 보고, 연락, 상담을 제대로 못할 가능성이 있다.

그 결과 업무 연계를 잘하지 못해 시간을 더 많이 할애하거나, 부주의로 인한 실수를 저지를 가능성도 커진다. 더욱이 늘 상사의 눈치를 살피다 보니 불필요한 부분까지 신경 쓰느라 작업량이 늘어나기도 하고, 상사에게 혼날까 두려워 몸이 생각대로 움직이지 않을 때도 있다.

이처럼 상사를 의지하기 힘들 때는 의지할 수 있는 사람에게 도움을 구하는 것도 하나의 방법이다. 자신이 신뢰할 수 있는 사람에게 상담을 요청하고, 최근 이러한 업무 실수를 많이 하며 그러지 않으려 노력하겠지만, 같은 실수를 반복하지 않도록 한 번 더 확인해 달라는 내용의 이야기를 전달해 두자.

자신이 신뢰하는 사람이 조금만 신경 써주면 혼자서는 미처 발견하지 못하고 지나쳐 버릴 수 있는 부분도 미리 방지할 수 있다. 또한, 무엇보다 직장에 신뢰할 수 있는 동료가 존재한다는 생각만으로도 심리적 안정감을 받는다. 문제를 혼자 끌어안고 끙끙대며 자신을 탓하지 말고, 주변에 도움을 구해 심신의 여유를 가지고 일함으로써 불안을 없애 나가기를 바란다.

직장 사람들이 저를 미워하는 건 아닐지 걱정돼요

평소보다 인사를 대충 하는 것 같고, 동료들이 내가 없는 자리에서만 재미있게 이야기하는 것 같아요. 사소한 일에 자꾸 신경이 쓰여서 '내가 미움을 사고 있나?'하고 의심하게 됩니다.

그러한 느낌들이 정말 사실인지 객관적으로 생각해 보세요!

직장에서 나를 대하는 동료의 태도가 쌀쌀맞다든지, 동료들이 즐겁게 잡담을 나누고 있으면 불안을 느낀다는 상담을 받을 때가 종종 있다.

'안부 연락에 관한 답장이 저한테만 늦게 오는 것 같아요'
'직장에서 고립된 느낌이 들어요'
'회식이나 술자리에 나만 초대받지 못하는 것 같아요'

많은 사람이 직장 내 인간관계에서 오는 스트레스나 불안을 안고 있다. 그러한 불안을 느꼈을 때 취할 수 있는 대책은 바로 내가 느낀 것이 정말 맞는지를 객관적으로 바라보는 것이다.

사람은 누구나 마음에 여유가 없거나 몸 상태가 좋지 않을 때, 사소한 일에도 불안을 느낀다. 또 별것 아닌 일에 지나친 생각을 할 때도 많다. 사람의 기분이 언제나 밝을 수는 없으니 말이다. 그렇기에 더더욱 자신이 인지한 것이 사실인지 다시 한번 생각해 봐야 한다.

그러다 보면 '오늘은 다른 날보다 몸이 피곤하니까 내가 예민하게 받아들인 거야'하고 몸 상태에서 원인을 찾게 될 수도 있다. 또, 동료의 말이 평소보다 차갑게 느껴졌을 때도 마찬가지다. 조금만 더 생각해 보면 '○○ 씨는 요새 아이가 갑자기 아파서 정신없다고 했었지. 그러니까 평상시보다 여유가 없겠구나' 하고 짐작할 수도 있다.

또 자신도 모르는 사이 '피해 의식'을 느끼고 있을 가능성도 있다. 상대에게 보낸 답장이 늦어 '혹시 나를 싫어하나?'라는 생각이 든다면, 나 역시도 비슷한 일을 한 적이 없는지 생각해 보기를 바란다. 분명 자신도 메시지를 확인할 여유조차 없어서 답장을 늦게 보낸 적이 있을 테니 말이다. 그렇다면 상대방 역시 비슷한 상황이었을 가능성이 충분히 있다.

이처럼 우리는 '내가 당한 일'의 경우 부정적으로 받아들이지만, '내가 한 일'은 가볍게 여기거나 잊어버린다. 그러므로 '뭐야, 나도 그렇게 하고 있잖아?'하고 객관적인 관점에서 바라보고 깨닫는 것만으로도 불안을 훨씬 줄일 수 있다. 이처럼 불안을 느낄 때는 '정말 그런가?', '내가 상대방의 입장이라면 어떻게 행동했을까?'하고 '생각을 파고드는 질문'을 던져 보자. 그렇게 하면 사물을 객관적으로 바라볼 수 있다. 만약, 생각만으로 불안을 지우기 어렵다면 종이에 써 보는 것도 하나의 방법이다. 내가 처한 상황을 확인할 수 있기 때문이다. 일어난 일, 느낀 것, 상황 등을 구체적으로 적으며 그 일을 전체적으로 바라보자. 생각을 파고드는 좋은 연습이 되어줄 것이다.

순간적인 감정에 휩쓸리지 말고 실제로 일어난 일을 객관적으로 보면 '아 생각해 보면 별일 아닌 것 같다', '나도 이랬을 것 같은데' 하고 깨닫는 부분도 많다. 마음에 불안이 생겼다고 해서 감정에 자신을 내어주지 말고, 그 전에 스스로 '파고드는 질문'을 던져 보자.

연인이 나를 미워하게 될까 봐 불안해요

주변이나, 미디어에서 이혼 혹은 파경 소식을 접하면 언젠가 나도 그렇게 될 것만 같아서 불안해요.

지금을 즐기지 않으면 손해라는 생각으로 '현재'에 초점을 맞추세요!

연인과 잘 만나고 있지만, 주변에서 헤어지거나 이혼했다는 소식을 들으면 '나도 나중에 저런 슬픈 결말을 맞게 되는 건 아닐까?' 하는 극도의 불안이 머릿속을 스칠 때가 있다.

이 장에서 이미 여러 번 언급했듯이, 인간은 아직 일어나지 않은 일에 대해 심한 불안을 느끼고는 한다. 그러나 지금의 행복이 언제 깨질지 모른다는 불안은 스스로 만든 공포에 불과하다. 불안을 안고서 불확실한 미래에 대비하는 것은 중요하지만, 그 불안을 계속 안고 살면 행복해야 할 '현재'를 즐길 수 없게 된다.

우리는 일상생활에서도 현재를 즐기는 일에 서툴다. 대표적인 예를 들어보면, 회사원의 상당수는 주말마다 이른바 '월요병'에 시달린다. 일주일 중에서는 금요일 밤이 가장 즐겁고, 휴일 마지막 날인 일요일 오후부터 점점 우울해진다. 모처럼의 휴일인데도 현재가 아닌 '휴일이 끝난 뒤에 찾아올 괴로움'에 초점을 맞추기 때문에 불안을 느끼는 것일지도 모른다. 그러나 이는 매우 안타까운 일이다. 왜냐하면 현재를 즐길 수 없는 사람은 아무리 행복한 일이 생겨도, 언젠가 이 행복이 사라져 버리지는 않을까 불안해하기 때문이다. 진짜 행복하다는 감정을 평생 느껴보지 못할 수도 있다.

예를 들어 노후 자금이 부족해질까 무서워 돈을 최대한 아끼며 저축하는 사람이 있다고 치자. 그런데 힘들게 일해서 번 돈을 제대로 써 보지도 못하고 세상을 떠나는 사람도 생각보다 많다. 찾아오지도 않을 '만일의 사태'에 대비해 현재를 즐기지 못한다면, 그것이야말로 주객이 전도되었다고 말할 수도 있겠다.

연인과의 관계에서도 마찬가지다. 헤어지는 것이 두려워 불안해하는 마음을 연인이 알아준다고 해서 과연 안심할 수 있을까? 내 감정을 조절하는 사람은 결국 '나'라는 것을 기억하자. 다른 사람이 아무리 괜찮다고 말해준다 한들, 불안은 완전히 사라지지 않는다.

만약 의사에게 '이 수술이 성공할 확률은 98퍼센트입니다'라는 말을 들었다고 치자. 성공률이 98퍼센트나 되니 다행이라고 받아들일지, 2퍼센트는 실패한다는 소리니 불안하다고 생각할지는 우리의 생각에 달려 있다.

또한, 연인과의 관계가 끝나는 원인이 상대의 변심이라고 단정 지을 수도 없다. 내 마음이 변할 수도 있고, 수십 년의 세월이 흐르면 사별할 가능성도 있다. 하지만 대비할 수 없는 '아직 일어나지 않은 일'에 대해 불안이나 공포를 느껴봐야 아무런 도움이 안 된다.

머리를 싸매고 고민해 봐도 앞날은 알 수 없다. 미래를 예측하는 사람도 많지만, 그 누구도 실제 어떤 일이 일어날지는 맞힐 수 없기 때문이다. 미래에 일어날 일을 신경 쓰며 지나치게 걱정하는 것은 인생의 소중한 시간을 허비하는 일이다.

그러므로 '지금 이렇게 즐거운데, 반대로 우리 사이가 끝나면 어떡하지'하고 불안해하지 말고, '지금 이 사람과 함께할 수 있어 행복하다'는 감정을 충분히 누리기를 바란다.

Case 29

미래가 너무 막연하고 불안해요

> 앞으로 무슨 일이 생길지 모르겠어요.
> 미래가 너무 불안해요.

**불안을 느낄 틈이 없을 만큼
일정을 빽빽하게 채워 보세요!**

미래가 막연해서 느끼는 불안을 해소하지 않은 채 10년이 흐르면 어떻게 될까. 아마 불안은 그때까지도 사라지지 않은 채 눈덩이처럼 불어나 있을 것이다. 이번 장에서는 불안한 마음을 전환하는 방법을 살펴보았는데, 사실 우리가 불안한 이유는, 그 불안을 방치하기 때문일지도 모르겠다.

우리가 불안을 느끼는 이유는 답이 보이지 않으면 계속 그 답을 찾아내려고 하는 뇌의 메커니즘 때문이다. 가끔 드라마에서 '범인은 바로 당신이야!'라는 대사가 나온 순간 갑자기 광고 영상이 송출될 때가 있다. 그럴 때면 대체 범인이 누구라는 건지, 궁금함에 마음이 답답해진다. 불안도 이와 같다. 마음에서 문제에 대한 답을 구하지 못했기 때문에 답답하고 불안한 것이다. 그런데 반대로 말하면 그 불안에 대한 답, 혹은 다음으로 내가 해야 할 일 정도만 잘 알고 있어도 불안은 차츰 사라진다.

예를 들어 '내가 지금처럼 살아도 괜찮을까', '노후 생활에 어려움은 없을까' 등의 문제를 생각하면 마음이 아주 답답해진다. 이럴 때는 한 발짝 더 나아가 자신의 불안을 마주해야 한다. 노후 자금이 부족해 불안하다면, 노후 생활을 위해 필요한 자금이 얼마인지 계산해 보자. 그리고 수십 년 뒤에 그 금액을 가지고 있으려면, 지금부터 얼마씩 저축해야 할지 계산해 보면 된다.

실제로 손을 움직여서 계산하다 보면 '어, 생각보다 어렵지 않네'라든지, '지금처럼 생활하면 나중에 목표 금액을 달성하지 못할 거야. 평소에 더 절약해야겠어'라는 식의 해야 할 일을 알 수 있다. 이처럼 목표 달성으로 가는 길만 알고 있으면 미래에 대한 막연한 불안은 훨씬 줄어든다.

그러나 때로 해결할 수 없는 문제도 있기 마련이다. 대책이나 방법을 알고 있어도 불안에 빠질 수 있다. 그럴 때 추천하는 방법이 바로 '일정을 빽빽하게 채우는 것'이다. 극심한 불안을 느끼는 것도 시간과 마음에 여유가 있기 때문이다. 눈이 돌아갈 정도로 바쁜 일정을 만들면, 신경이 자연스럽게 일정을 소화하는 데 쏠리면서 결과적으로 막연한 불안에서 빠져나올 수 있다. 반드시 누군가를 만나거나 업무에 관한 일정일 필요는 없다. 되도록 기분이 좋아지는 일정으로 가득 채워 보기를 바란다.

기대하던 영화에 몰두하는 시간, 이전부터 가지고 싶었던 옷을 사러 가는 시간, 평상시보다 조금 더 신경 쓴 요리를 만들어 먹는 시간, 느긋하게 산책하는 시간 등. 모두 다 좋다. 이처럼 일상생활에서의 일정을 빽빽하게 채우자. 아주 작은 일이어도 괜찮다. 몰두할 수 있는 일이나, 전부터 도전해 보고 싶었던 일에 시간을 사용하면 불안한 마음이 사라진다. 매일의 시간을 '불안'이 아닌 '즐거운 마음'으로 채워 나간다면 서서히 불안을 잊고 현재를 즐길 수 있게 될 것이다.

7

두려움을 줄이는 방법

사람은 왜 공포를 느낄까?

이번 장에서는 공포와 마주하는 방법을 소개하려 한다.

이미 앞에서도 여러 번 설명했지만, 불안과 공포는 비슷한 듯 서로 다르다. 불안은 아직 일어나지 않은 일이나 일어날지도 모르는 일에 대한 막연한 두려움에 가깝다. 반면, 공포는 명확하게 '무서움을 느끼는 대상'이 존재한다.

그렇다면 사람은 왜 공포를 느낄까. 그 이유는 기억과 깊은 관련이 있다. 공포란, 과거에 불편함을 느낀 대상과 비슷한 것을 만났을 때 작용하는 센서와도 같다. 살아가다 보면 누군가를 만났을 때 '이 사람은 버거운데?'하고 공포를 느끼는 순간이 온다. 이럴 때 잘 생각해 보면 상대의 얼굴이 어린 시절 나를 괴롭힌 친구와 닮았다든지, 나에게 심한 말을 했던 선배와 말투가 비슷하다는 식의 유사점이 있다. 그러면 머리에서는 상대가 위험한 사람일지도 모른다는 신호를 보내므로 공포감이 생겨난다.

말하자면 '공포'란 우리가 살아가는 데 꼭 필요한 경보장치라고도 할 수 있다. 언제 어디서 만날지 모르는 위험에서 자기 몸을 지키기 위해서라도 꼭 필요한 감정이다. 하지만 사람들 대부분은 기억이 공포를 불러일으켰다는 사실을 인식하지 못한다. 그래서 극도의 공포가 자신을 엄습했을 때도 그 이유를 몰라 당황하고는 한다.

더욱이 우리 뇌는 과거의 경험을 바탕으로 반응하므로, 그 공포감이 반드시 맞다고 말할 수 없다. 그러니 공포에 사로잡혀 행동의 제약을 받는 것은 정말 안타까운 일이다. 이 장에서는 공포감을 조절함으로써 스트레스를 덜 받으며 생활하는 방법을 소개하고자 한다.

Case 30

상사가 너무 무서워요

상사가 무서워서 보고, 연락,
상담을 수시로 하는 게 힘들어요.

메일이나 메신저, 인사 등
'접촉하는 횟수'를 늘려 보세요!

새로운 환경에서 일하기 시작한 사람들은 상담 중 '상사가 무섭다'라는 말을 종종 한다. 특별히 상사가 괴롭히는 것도 아닌데, 그가 너무 무서운 나머지 업무의 기본인 보고, 연락, 상담마저도 편히 하기 힘들어한다. 이들은 상사에게 직접적으로 피해를 본 적도 없으면서 왜 이렇게까지 공포를 느끼는 걸까? 아마 과거에 그와 비슷한 분위기를 풍기는 사람 때문에 힘들었던 경험이 있을 가능성이 크다. 즉, 멋대로 반응한 잠재의식이 이들을 공포감으로 잡아끈 것이다. 이 메커니즘만 잘 알아도 상사에 대한 공포는 확실히 줄일 수 있다.

　그럼, 한 번 힘들다고 느낀 상사를 대할 때는 어떻게 하면 좋을까. 우선 가장 좋은 방법은 먼저 말을 걸어보는 등, 적극적으로 다가가 접촉 기회를 늘리는 것이다. 보통 상대를 만나는 빈도에 비례해 친숙도와 호감도 역시 함께 증가하는데, 이러한 현상을 '단순 접촉 효과'라고 부른다.

　예컨대, 처음 봤을 때는 아무런 호감을 느끼지 못한 연예인도 다양한 매체에서 자주 보게 되면 점점 호감 가는 사람으로 인식된다. 즉, 상사와 소통하는 횟수를 늘릴수록 상사에 대한 호감을 느끼기가 쉬워진다.

일단은 가벼운 인사부터 시작하자. 상사를 직접 대면했을 때 입이 떨어지지 않을 정도로 공포감을 느끼는 상태라면, 메일이나 메신저로 소통하는 것도 효과적인 방법이다. 대면의 거부감을 낮춰주기 때문이다. 더불어, 상사에게 매일 꾸준히 반복적으로 대화를 걸고 연락하는 행위를 통해 심리적 장벽을 낮추자. 매일 정해진 시간에 업무 상황을 보고하거나 상담 거리를 만들어 묻는 것도 좋다. 질문이나 상담은 정당한 이유로 상사와 접촉할 좋은 기회이니 그 시간을 꼭 활용하길 바란다. 부하 직원을 관리하는 것이 상사의 역할이므로, 이들은 최대한 부하 직원의 업무 상황을 자세히 알고 싶어 한다.

그러므로 말을 걸거나 메일을 보내 단순 접촉 횟수를 조금씩 늘리면 상사가 당신의 상황을 파악하고 안심할 수 있다. 더불어 상사 역시 당신에 대한 호감도를 점점 높일 것이다. 기본적으로 상사 역시 부하 직원을 대할 때 어느 정도 긴장하기 마련이다. 그러한 상사의 마음을 알아준다면, 당신과 상사 사이의 관계는 더 좋은 방향으로 나아갈 것이다.

인사나 수시로 연락하는 일에 익숙해졌다면 '오늘 점심은 뭐 드셨어요?', '어느 동네에 사세요?' 등 일상적인 질문을 해보는 것도 좋다. 이처럼 접할 기회를 늘리면 단순 접촉 효과가 일어나 상사에 대한 공포가 완화될 뿐 아니라, 그와의 관계를 더 원만하게 만들 수 있다.

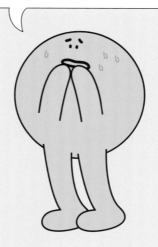

Case 31

권위적인 사람에게 부탁을 받았어요

> 권위적인 동료나 친구에게 부탁을 받을 때가
> 종종 있는데, 심리적으로 위축이 돼서
> 거절하기가 너무 힘들어요.

**대하기 버거운 사람에게 받은 부탁은
최대한 빠른 단계에서 거절해야 합니다!**

주변 사람들에게 권위적인 태도를 보이는 사람은 어디든 있다. 그런 사람과 소통할 때는 무척 피곤하다. 보통 권위적이고 무서운 사람들과는 친해져 봐야 그 사람의 페이스에 말려들 뿐이다. 대하기 버겁다고 느껴지는 사람과는 최소한의 소통만 하면서 물리적인 거리를 두는 것이 좋다.

하지만 상사나 같은 팀 동료 중, 혹은 자신과 관계가 좋은 무리 안에 그러한 사람이 있으면 물리적인 거리를 두고 싶어도 그러지 못할 때가 많다. 사람은 자기가 무서워하는 사람을 대할 때, 상대로부터 미움을 사거나 공격받을까 두려워 애매한 대응을 하기 쉽다. 그래서 이런 사람에게 부탁받으면 거절하고 싶어도 끝내 거절하지 못하고 들어주는 때가 많다. 또한 술자리 모임에 참석하라는 말에 '갈 수 있으면 갈게요'라고 모호하게 대답하거나, 맡고 싶지 않은 일인데도 '조금 생각해 볼게요'라고 확실하게 거절하지 못하고 대답을 미루기도 한다.

그러나 어정쩡한 대답을 하면 상대는 당신의 대답을 긍정의 의미로 인식한다. 결국, 가고 싶지 않은 술자리에 참가해 어색한 시간을 보내거나 무리한 일을 떠맡게 될 때도 많다. 그 결과, 미적지근한 태도 때문에 시간과 감정을 원하지 않는 곳에 소비하게 된다.

한두 번 정도의 부탁이라면 괜찮지만, 보통 권위적인 사람들은 그렇지 않다. '이 사람은 거절하지 않을 것이다'라고 생각하면 나쁜 의도가 없어도 계속 어렵고 무리한 요구를 반복한다. 그러면서 상대를 자신의 페이스대로 끌고 가려는 경향이 있다.

상대방의 페이스에 말려들지 않기 위해서라도 직관적으로 '싫다'고 느꼈다면, 그 자리에서 바로 거절하자. 대하기 힘든 상대일수록 그 자리에서 분명하게 거절하는 것이 중요하다. '죄송하지만 어렵습니다', '이번에는 참가하지 않겠습니다'처럼 확실하게 대답하면 상대방도 그 이상 추궁하는 일은 거의 없다. 물론, '상대방에게 혼나면 어떡하지?', '미움을 사면 어쩌지?'하고 걱정하는 사람이 있을 수는 있겠지만 말이다.

그러나 거절은 '거부'와 달리 소통의 일환이다. 상황에 대한 거절은 사람에 관한 거부가 아니므로, 걱정하지 말고 용기를 내어 보기를 바란다.

만약 당장에 거절하기 힘든 사람이라면 일단 '나중에 답변드릴게요'라고 말한 뒤 가능한 빠른 단계에서 분명하게 거절하자. 거절하기까지 시간이 오래 걸리면 상대방도 답변을 기다리며 초조해하기 때문에 나쁜 이미지를 남길 수 있다. 대하기 어려운 상대방과의 접촉시간은 최대한 줄이는 것이 당신의 이미지를 나쁘게 만들지 않으면서, 불필요한 스트레스를 쌓지 않는 현명한 방법이다.

사람들의 시선이 무서워요

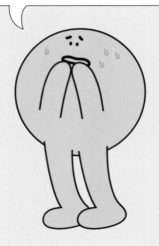

스피치, 발표, 회의 등
여러 사람 앞에서 말해야 할 때
모두들 쳐다보는 시선이 너무 무서워요.

**'네, 지금 긴장했습니다!'라고
과감하게 말해 볼까요?**

많은 사람 앞에서 말할 때 공포를 느끼는 사람은 생각보다 많다. 이때 해결책은 '제가 지금 조금 긴장했습니다!'라고 과감하게 말하는 것이다. 사람들 앞에서 말할 때 공포감을 느끼지 않는 사람은 없다. 이것은 여러 사람과 토론하는 문화를 가진 서양인도 마찬가지다. 과거, 미국에서 '자신이 가장 공포감을 느낄 때는 언제인가?'라는 설문조사를 했더니 놀랍게도 '많은 사람 앞에서 말할 때'라는 응답이 가장 많았다고 한다.

이처럼 세상에는 다른 사람 앞에서 말하는 것을 힘들어하는 사람이 많다. 그러니 '제가 지금 긴장했습니다'라고 말하면 그 자리에 있는 사람들 대부분 나라도 그럴 것 같다며 공감한다. 왜 저런 말을 하냐고 따지거나, 매너가 없다며 불편함을 드러내는 사람은 웬만해서 없다.

또한 '긴장했습니다'라고 전달하는 것 자체가 그 자리의 분위기를 부드럽게 만들어 주기도 한다. 그러니 당신이 말을 좀 더듬거리거나 얼굴이 빨개져도 그 자리에 있는 사람들은 따뜻한 마음으로 이해해 줄 것이다.

애초에 사람은 왜 많은 사람 앞에 서면 공포감을 느끼는 걸까? 그 이유는 '상대방에게 나쁜 이미지를 심어 주고 있는 것은 아닐까'하는 공포 때문이다. 이러한 종류의 공포는 자신을 지키기 위한 자기방어로 작용한다. 다만, 지나친 자기방어는 항상 긴장 속에서 자신을 틀 안에 가두는 원인이 된다. 자기방어를 얼마나 풀 수 있는지가 사람들을 대할 때 느끼는 공포를 극복하는 열쇠다.

그럼 어떻게 하면 지나치게 강한 방어 본능을 풀 수 있을까? 여기서 중요한 것이 '자기 노출Self-disclosure'이라고 부르는 행위다. 자기 노출이란, 자기 생각을 다른 사람에게 말함으로써 자신을 노출하는 기회를 늘리는 것을 가리킨다. 여러 사람 앞에 나가면 위축되는 사람들은 대부분 '내 이야기를 상대가 수긍하지 않을 바에야 사람과의 소통은 하고 싶지 않아'라고 느끼는 심리 경향이 있다. 하지만 자기 생각이나 의사를 타인에게 전달하는 기회를 늘려가면 내 이야기를 해도 받아들여 주리라 생각하며 안심할 수 있으므로 공포감은 서서히 줄어든다.

사실, 소통은 횟수가 전부다. 그러니 사람들의 시선이 신경 쓰인다거나, 사람들 앞에서 말하는 것이 힘들다고 느끼는 사람은 조금씩이라도 좋으니 자기 이야기를 꺼내어 보기를 바란다.

그러나 대하기 버거운 사람이나 처음 만난 사람과 편하게 이야기하기란 어려운 법이다. 먼저 가족, 연인, 친구와 같이 '말하기 편한 사람'에게 '말하기 편한 내용'을 털어놓아 보자. 깊은 이야기를 나눌 필요는 없다. 오늘 있었던 일이나 지금 관심 있는 일, 취미, 싫어하는 음식 등 머릿속에 떠오른 일은 무엇이든 상관없다.

이처럼 말하기 편한 내용을 가족이나 친구에게 잘 말할 수 있게 되었다면, 이번에는 '말하기 편한 사람'에게 '말하기 어려운 내용'을 이야기해 보자. 이것마저도 익숙해지면 '말하기 어려운 사람'에게 '말하기 편한 내용'을, 그 다음으로 '말하기 어려운 사람'에게 '말하기 어려운 내용'을 이야기해 보자. 이 단계까지 달성하고 나면 많은 사람 앞에서도 다른 사람의 시선을 신경 쓰지 않고 이야기할 수 있다. 이렇게 조금씩이라도 좋으니, 자기 페이스대로 한 단계씩 차근차근 '말하는 스킬'을 익혀 보기를 바란다.

공포감은 무리하게
극복하지 않아도 된다?

누구나 조금씩은 공포감을 느낀다. 예컨대 새가 무서운 사람이 있을 테고, 또 인형이나 곤충, 좁은 방, 물을 무서워하는 사람도 있을 테다. 이처럼 다른 사람은 아무렇지 않아 하는 대상에 겁먹는 사람을 심심치 않게 볼 수 있다.

공포감을 극복하는 대표적인 방법으로는, 공포를 서서히 익숙하게 만들어 무섭다는 감정 자체를 없애는 '단계적 폭로법'이 있다. 만약 엘리베이터가 무서워 타지 못하는 사람이라면 먼저 첫날에는 엘리베이터 앞까지 가 보고, 다음 날에는 엘리베이터의 버튼을 눌러 보는 방식이다. 그다음 날에는 문이 열린 상태에서 엘리베이터에 들어갔다가 나오는 식으로 조금씩 단계를 진행하면 된다. 이렇게 순차적인 극복 과정은 결국 엘리베이터에 느끼는 공포감 자체를 이겨낼 수 있게 한다.

최근에는 일부 소아과병원에서도 단계적 폭로법을 통해 아이들의 병원 공포를 줄이고자 응용하는 등, 일상생활에서 이 방법을 도입하는 사례가 늘고 있다. 다만, 살아가는 데 피할 수 없는 일이라면 모를까 모든 공포감을 극복할 필요는 없다고 생각한다.

사실은 나 역시도 고소공포증이 있어 가파른 에스컬레이터는 무서워서 타지 못한다. 하지만 이 공포감을 애써 극복하려고 하지는 않는다. 왜냐하면 에스컬레이터를 못 타도 엘리베이터나 계단이 있으니, 필사적으로 극복할 필요가 없기 때문이다. 또 비행기도 무서워한다. 그러나 이동할 때 반드시 비행기를 타라는 법은 없지 않은가. 비행기를 꼭 이용해야 할 때는 신경안정제를 부적처럼 지니고 타기도 한다. 실제로 복용하지는 않지만, 마음이 훨씬 안정되기 때문이다.

이처럼 공포감은 극복하지 않아도 어느 정도 대책을 세울 수 있다. 어떤 사람은 무서운 대상이 있는 것은 창피한 일이라고 생각하기도 한다. 자신이 가진 공포를 가능하면 다른 사람에게 들키지 않게 비밀에 부치고 싶은 사람도 있을지 모르겠다. 하지만 '무섭다'와 '창피하다'를 같은 선상에 두는 것은 너무 섣부른 판단이다.

예전에 롤러코스터 공포증이 있는 한 남성이 '롤러코스터는 정말 타고 싶지 않다. 부모로서의 체면도 있고, 아이에게 무서워하는 모습을 보여주고 싶지 않아서 아예 놀이동산에 가지 않는다'라고 이야기하는 걸 들은 적이 있다. 나는 그 이야기를 들었을 때, 그러니 더더욱 아이와 함께 놀이동산에 가면 좋겠다는 생각을 했다.

지금은 '다이버시티' 시대라고 부를 정도로 우리는 다양한 환경에 놓여 살아간다. 그러니 누구에게나 잘하는 것이 있으면 못 하는 것도 있기 마련이다. 아버지가 아이에게 '나 같은 어른도 못 하는 게 있단다'라고 전하는 일은 그러한 다양성을 가르쳐줄 기회이기도 하다. 그러한 과정을 보며 자란 아이는 살아가며 잘 해내지 못하는 일이 있다 한들, 누구나 약점이 있는 것은 당연하다고 생각하게 될 것이다. 또한, 공포에 대해 필요 이상으로 콤플렉스를 가지지 않아도 된다는 사실을 배울 것이다.

앞에서도 언급했듯 공포를 느끼는 대상은 사람마다 크게 다르다. 어떤 사람에게는 두려움을 주는 대상이 다른 사람에게는 쾌감을 주는 대상이 될 수도 있다. 그러나 그 누구도 무엇이 좋고, 또 무엇이 나쁘다고 판단할 수 없다. 그러므로 공포감을 부끄럽게 여기지 않아도 된다. 오히려 하나의 개성이라고 여겨도 좋겠다. 그리고 당신의 소중한 사람들은 그 공포감을 분명 하나의 개성으로 받아들여 줄 것이다.

8

아쉬움을 지렛대로 삼는 방법

아쉬움을 지렛대로 삼아 큰 성과를 손에 넣자

우리의 많은 감정 중에서도 '아쉬움'은 사용하기에 따라 무척 도움이 되는 감정이다. 하고 싶었던 일을 할 수 없게 되거나, 얻고 싶은 것을 얻지 못하게 되면 아쉬움을 느낄 때가 많다. 그런데 이러한 아쉬움을 지렛대로 삼으면 다음에는 더 잘하고 싶다는 활력이 생기고는 한다.

대회나 콘테스트에서는 1위 수상자보다 2위, 3위 수상자가 훗날 더 큰 활약을 하는 사례가 많다. 물론 1위에 오르는 것도 대단한 일이다. 아무나 할 수 있는 일도 아닐뿐더러 거기까지 이르는 길은 순탄치 않았을 것이기 때문이다. 그러나 한 번 1등의 자리에 오르면 대부분 '1등을 거머쥐었다'는 성취감 때문에 현재에 만족하고 '헝그리 정신'을 잃어버리기 쉽다.

물론, 그 뒤로도 계속 1위를 차지하는 사람 역시 있겠다. 하지만 한 번 정상에 오르고 난 뒤에도 동기부여를 유지하기 위해서는 강인한 정신력이 필요한 법이다.

그래서 1위에 올라 만족감을 느낀 사람보다 2위, 3위였던 사람이 '1위에 오르지 못했다'는 아쉬움 때문에 매일 노력하거나, 새로운 관점에서 도전해 1위인 사람을 추월하는 현상이 일어나는 것이다. 이는 아쉬움이 가지는 큰 에너지 덕분이다. 아쉬운 감정은 받아들이기에 따라 우리를 성장하게 하는 든든한 편이 되어줄 수 있다. 아쉬움의 감정이 생겨나면 그 감정을 잊지 말고 부디 효과적으로 활용하기를 바란다. 아쉬움을 자신이 성장하기 위한 큰 지렛대로 삼아 변화나 도전을 계속하면, 어느새 큰 성과를 손에 넣게 될 것이다.

Case 33

업무 할당량을 다 채우지 못했어요

**'새로운 일을 시작할 절호의 기회!'라고 생각하며
작은 것부터 노력을 계속해 볼까요?**

열심히 노력했는데도 목표나 할당량을 달성하지 못했을 때 느끼는 아쉬움은 다 헤아릴 수 없다. 그러나 아쉬운 감정을 붙잡고 있어 봐야 손해만 될 뿐이다. 아쉬움이 생겼다면 '새로운 것을 시작할 절호의 기회'라고 생각하며 이 감정을 반드시 활용하기를 바란다.

그런데 왜 아쉬움이 새로운 일을 시작할 기회인 걸까? 그 이유는 큰 성과를 내기 위해서는 반드시 매일매일 적은 노력을 쌓아가야 하기 때문이다. 가벼운 동기를 가지고 새로운 일을 시작한다 한들, 금세 마음이 해이해져 '지금은 안 해도 되겠지', '이건 내일 하자'며 뒤로 미루기 쉽다. 즉, 자신을 성장하게 하기 위해서는 매일매일의 노력을 이어지게 만드는 강한 동기부여가 필요하다.

아쉬움은 강한 동기부여를 유지하는 데 큰 힘을 발휘한다. 아쉬움을 크게 느낄수록 동기부여도 오래 유지된다. 그러므로 강한 아쉬움을 느낄 때는 '이건 내가 성장하기 위한 계기다!'라고 생각을 전환해 새로운 공부나 업무 스킬을 익혀 나가면 좋겠다.

또, 새로운 일을 시작할 때 목표를 세우는 사람이 많다. 그런데 이때, 목표를 계속해서 달성하는 요령은 '오늘, 지금 당장 할 수 있는 작은 목표'를 설정하는 것이다. 아쉬움을 느꼈다면 그 감정이 생생할 때 새로운 일을 시작하고 계속 해야 한다. 그러지 않으면 얼마 안 되어 그 아쉬움을 잊어버리기 때문이다. 아쉬움을 느낀 날에 바로 시작하는 것이 가장 좋다. 또, 너무 큰 목표를 세우면 지레 겁을 먹어 그 일에 손도 대지 않고 방치하는 경우가 대부분이다. 먼저 오늘부터 시작할 수 있는 작은 목표를 세워 보자.

예를 들어 영어로 이야기하는 것이 서툴러 아쉬움을 경험한 사람이라면 '매일 세 시간씩 영어 공부하기'와 같은 목표를 세우기 쉽다. 그런데 이렇게 하면 대부분 부담을 느껴 작심삼일로 끝나고 만다. 그러나 '하루에 영어 단어 하나씩 외우기'는 큰 부담 없이 계속할 수 있다. 하루에 한 개씩 단어 외우기를 1년 동안 계속하면 1년 후에는 365개의 영어 단어를 익힐 수 있다. 사람마다 할 수 있는 범위는 다르겠지만, '오늘, 지금 당장' 할 수 있는 일을 찾아 꼭 실천해 보기를 바란다.

여담이지만, 내가 과거에 공인심리사 자격 취득을 준비할 때의 일이다. 당시에는 너무 바빠 공부할 시간이 거의 없었다. 온라인 강의를 수강해 수험자격을 취득한 뒤 교과서도 샀지만, 정작 공부에는 손을 댈 수가 없었다. 그런데 정신을 차려보니 어느새 시험이 3개월 앞으로 다가와 있는 것이 아닌가.

그때 발등에 불이 붙은 내가 실천한 방법은 '머리맡에 교과서를 두고, 자기 전에 최소한 문제라도 공부하기'였다. 너무 졸린 나머지 정말 한 문제밖에 풀지 못한 날도 있었지만, 매일매일 아무리 졸려도 최소한 한 문제는 꼭 풀기 위해 노력했다. 몸 상태가 좋은 날에는 두 문제, 세 문제… 이렇게 문제수를 늘려나갔다. 결국 책에 실린 모든 문제를 풀지는 못했으나, 시험에 무사히 합격하고 자격을 취득할 수 있었다.

1년이나 2년이라는 시간은 눈 깜짝할 사이에 지나가 버린다. 하루에 한 개라도 무언가를 지속해 온 사람과, 아무것도 하지 않은 사람 사이에는 매우 큰 차이가 난다. 목표를 위해 필요한 노력을 지속하다 보면 아쉬움에서 시작된 노력이 당신의 결실로 바뀔 것이다.

Case 34

동료가 나를 제치고 좋은 실적을 올렸어요

우리 부서의 실적 왕은 계속 저였는데, 이달은 동료에게 빼앗기고 말았어요. 아쉬워서 회사에 가고 싶은 마음도 안 드네요.

라이벌을 '타인'이 아니라 '과거의 나'로 설정해 보세요!

사람은 아쉬운 경험을 하면 크게 두 가지 중 하나의 선택을 내린다.

① 다음에 아쉬움을 느끼는 일이 없게끔 새로운 무언가를 시작한다.
② 그 자리에서 도망쳐 아쉬움을 잊는다.

이 두 가지 중에서 후자인 '도망친다'를 선택하면 어떨까. 정말로 아무것도 하지 않아도 되니 무척 편할까?

참고로 순조로운 인생을 살아온 사람일수록 좌절에 익숙하지 않아, 아쉬움을 느끼면 모든 것이 싫다고 생각하며 도망치는 선택을 내리기도 쉽다. 예전에는 우수한 영업사원이었던 지인이 이런 상담을 한 적도 있다. 그의 영업 실적은 항상 1등이었는데, 실적이 하위권이었던 동료가 바짝 따라붙더니 결국 몇 개월 만에 실적을 추월당했다고 한다. 그는 자신보다 아래라고 생각했던 동료에게 추월당한 것이 너무 아쉬운 나머지, 더는 회사에 가고 싶지 않다고 말했다.

만약 당신이 과도한 아쉬움 때문에 '이제 전부 다 싫어졌어'라는 생각이 든다면, 그것은 지금까지 당신의 인생이 평탄했다는 증거다. 지금 느끼는 아쉬움은 자신이 성장하기 위한 기회라고 받아들여 보기를 바란다.

또한, 다른 사람과 나를 비교하며 열등감이나 아쉬움을 느끼는 사람이 의외로 많다. 자신과 타인을 비교하는 마음이 들었을 때 기억했으면 하는 점은, 현재 자신과 비교해야 할 상대는 '타인'이 아니라 '과거의 나'라는 점이다.

사람은 저마다 자라온 환경, 경력, 타고난 능력이 크게 다르다. 또 각자 개성이 다르고, 재능이나 기대되는 역할 역시 크게 다르다. 이처럼 전제 조건 자체가 다른 타인은 비교 대상이 될 수 없다. 지금의 나와 비교할 수 있는 상대방은, 오직 과거의 '나' 뿐이다. 타인이 얼마나 크게 활약하든, 좋은 실적을 올리든, 타인은 그저 타인이다. 자신과 비교하며 일희일비하는 것은 정말로 의미 없는 일이 아닐 수 없다. 만약 누군가 당신의 실적을 뛰어넘었다면, 그 결과를 순순히 인정하고 개선점을 고민하는 편이 더 좋다. '저 사람에 비해 나는…'하고 아쉬움을 느낄 필요가 없다는 의미다.

또한, 나와 타인을 끊임없이 비교하면 나의 가치를 스스로 인정하지 못하고, 자기 평가를 남에게 맡기는 꼴이 된다. 내가 나를 인정하지 못하면 노력 따위 해봐야 아무 의미 없다고 생각하게 되고, 내가 이런 상태에 처한 이유 역시 주변에서 좋은 평가를 받지 못했기 때문이라고 생각하기 쉽다. 그 결과, 점점 주변 사람들보다 뒤처지고 '이럴 리가 없는데'라는 아쉬움만 커지는 악순환에 빠지고 만다.

일어난 현상을 두고 남을 탓하는지, 나를 탓하는지를 보는 것은 성장할 수 있는 사람과 그렇지 않은 사람이 크게 갈리는 지점이다. 그저 아쉬워만 하지 말고 자신이 할 수 있는 노력을 시작하는 것이 미래에 투자하는 길이다. 남과 나를 비교할 것이 아니라, 지금의 나와 과거의 나를 비교하며 할 수 있었던 일과 할 수 없었던 일을 담담하게 생각해 보자. 그리고 노력한 '나'에게 충분한 칭찬을 퍼부어 주기를 바란다. 순위나 평가는 어디까지나 지표에 불과하다. 내가 만족할 수 있는 형태로 노력을 쌓아가다 보면 결과는 자연스레 따라오는 법이니 말이다.

Case 35

다른 사람의 실수를
수습해야 해서 억울해요

내가 잘못한 일도 아닌데,
동료의 실수 때문에 거래처에 사과해야 해요.
억울해서 미쳐버리겠어요….

그 사람이 나에게 빚을 지게 된 거라고
생각해 볼까요?

동료가 저지른 실수 때문에 동료 대신 사과를 하거나, 상사에게 혼나 불합리함을 느끼는 일은 팀 단위로 일하는 사람이라면 한두 번쯤은 경험할 법한 일이다. 내가 한 실수라면 어쩔 수 없지만, 타인이 저지른 실수 때문에 혼나는 것은 이해되지 않는다며 억울하게 생각하는 사람이 많을지도 모른다. 다만, 여기서 당신 때문에 혼났다고 담당자를 추궁하거나, 자신이 대신 혼났다며 은연중에 비난하거나, 기분 나쁜 표정을 짓는 것은 큰 기회를 날려 버리는 것이나 다름없다.

사고를 조금 전환해 보면 그 상황은 실수한 담당자가 나에게 빚을 지게 할 수 있고, 그 주변 사람들로부터 호감을 얻을 좋은 기회이기 때문이다.

세상 사람들은 대부분 혼나는 것을 싫어한다. 싫은 소리를 듣고 싶지 않기 때문에 마감을 지키고, 완성도 높은 결과물을 산출하려고 노력한다. 그만큼 모두가 싫어하는 '혼나는 것'을 받아줄 수 있는 사람일수록 주변에서 존경받으며 인망 있다는 평을 듣는다. 실수한 담당자는 당신을 '무슨 일이 생겼을 의지할 수 있는 사람'이라고 생각할 테고, 이로 인해 당신에 대한 신뢰감 역시 높아질 것이다.

이뿐만 아니라 당신이 다른 사람의 일을 수습하느라 혼나고 있다는 사정을 아는 주변 사람들은 '저 사람은 책임감 있는 사람'이라고 생각하므로 당신에 대한 호감도가 올라간다. 그러므로 누군가를 대신해 혼났다면 아무리 억울하더라도 그 원인을 제공한 상대방을 나무라지 말자. 어차피 당신이 '혼났다'는 사실은 변하지 않는다. 상대를 추궁하는 대신 '신경 쓰지 마세요. 하지만 다음에는 같은 실수를 반복하지 않도록 신경 써 주세요'라고 말해 당신의 호감도를 올리는 편이 훨씬 득이 된다.

자기가 저지른 실수 때문에 다른 사람이 혼난다고 생각하면 '아, 나는 정말 쓸모없는 인간이구나'라는 죄책감에 빠질 수 있다. 그러나 다른 사람의 실수로 인해 혼날 때는 애초에 자신이 실수해서 혼나는 것이 아니다. 왜 내가 대신 혼나야 하는지 이해하지 못해 억울함을 느끼기보다, 내가 혼남으로써 실수한 사람을 감싼다는 마음을 담아 조금 담담하게 생각해 보면 어떨까. '가는 정이 있으면 오는 정도 있다'는 말이 있듯, 그때 느낀 억울함은 반드시 언제 어딘가에서 자신에게 좋은 형태로 돌아오기 마련이다.

Case 36

비교와 무시를 당했어요!

아이 친구 엄마들이 만나기만 하면 남편과 자식 자랑을 늘어 놓아요. 집에 와서 생각해 보니 정말이지, 울화통이 치밀어 오르네요!

'마음이 가난한 사람이구나, 불쌍하다'라고 생각해 볼까요?

'마운팅'이라는 용어를 들어보았는가? 마운팅이란, 격투기를 할 때 누운 상대에게 승마 자세로 올라타는 '마운트 포지션'에서 유래한 말이다. 자신이 더 우위에 있다는 것을 대화나 행동으로 표현하고 보여주는 것을 뜻한다. 예컨대, '하와이 여행을 처음 갔는데 정말 즐거웠어!'라고 이야기하는 사람에게 상대방이 '나도 어렸을 때 하와이 살았는데, 요새는 우리나라 사람이 너무 많아서 안 가고 싶더라~'라고 대답했다 치자. 굳이 이런 반응을 하는 것은 '자신이 하와이에 대해 더 잘 안다'는 것을 암시하며 우위에 있음을 어필하는 마운팅이라고 할 수 있다.

마운팅은 수입, 직업, 결혼 여부, 재산, 외모, 집안 등 모든 대화에 숨어 있다. 자신이 마운팅 당했을 때 '얕보이고 있나?', '무시당하고 있나?' 하고 불쾌한 기분을 느끼는 것은 당연하다. 화가 났다면 마운트를 한 장본인 이외의 사람에게 '이런 일이 있었는데 너무 기분 나빴어!'라고 말로 표현해 보자.

자기감정에 솔직해지는 건 무척 중요하다. 그런 일에 화가 나는 내 모습을 속이 좁은 거라고 치부할 필요는 없다는 의미다. 화가 나는 마음을 한번 말로 표현해 기분이 개운해 졌다면, 이번에는 마운팅 하지 않고는 못 배기는 사람의 배경을 생각해 보자. 마운팅을 하는 사람은 마음이 가난할 확률이 높다. 마음이 충분히 채워져 있으면 스스로 긍정할 수 있으므로, 남과 나를 비교할 필요가 없기 때문이다.

그러나 마운팅을 하는 사람은 '내가 더 위에 있다'고 남에게 어필하고, '나는 이 사람보다 우월하다'라고 생각하지 않으면 빈 마음을 채울 수 없다. 항상 타인을 마운팅 해서 자신이 그들보다 위에 있다고 느끼지 않으면 자기 긍정을 할 수가 없는 것이다. 그러므로 '타인으로부터 인정받고 싶은' 욕구가 무척 강한, 가여운 존재라고 할 수 있다. 그러니 마운팅을 당했다고 불쾌하게 느낄 필요가 전혀 없다.

상대방이 무슨 말을 하든 '이 사람은 가여운 사람이구나' 생각하며 맞장구를 쳐 주면서 흘려보내자.

다만, 마운팅이 여러 차례 이어져 화나는 마음이 증폭되는 경우라면, 당신의 마음을 지키기 위해 과감하게 관계를 끊는 것도 필요하다. 흔히 '친구는 많을수록 좋다', '누구와도 잘 지내는 사람이 좋다'고 생각하기 쉬운데, 모든 사람과 사이좋게 지낼 필요는 없다는 뜻이다.

　아무리 사이좋게 지내려고 노력해도, 자신과 맞지 않는 사람은 맞지 않는 법이다. 당신을 희생하면서까지 계속 상처받을 필요는 없다. 마운팅 하는 상대방과는 접촉하는 횟수를 줄이거나, 과감하게 거리를 둬 보기를 바란다.

SNS에 올라온 친구의 자랑 글을 보았어요

친구나 지인이 올린 자랑 글을 보면 자꾸 자격지심에 휩싸이는 것만 같아요.

SNS 이용 시간과 횟수를 제한합시다!

SNS는 재미있고 편하지만 보지 않아도 될 것을 굳이 보게 만든다. 예를 들어 주말에 다른 사람의 SNS를 들여다보면 놀러 간 장소, 먹은 음식, 만난 사람과의 즐거워 보이는 영상, 사진이 수두룩하다. 그러나 자신은 초대받지 못한 식사 모임에 친구들이 참여해 즐거워하는 모습을 발견하면 '왜 나는 초대받지 못한 걸까' 하고 소외감을 느끼기도 한다. 이처럼 몰랐으면 좋았을 일을 눈으로 보게 만들고, 이와 같은 이유로 마음이 병드는 사람의 숫자 역시 적지 않다.

SNS를 이용하기 전에는 주말이 되면 혼자 조용히 집에서 시간 보내기를 좋아했으나, SNS 계정을 개설한 뒤로는 다른 사람의 화려한 주말과 비교하게 되면서 갑자기 자신이 볼품없이 느껴졌다는 사람도 있다. 원래라면 일상에 충실했을 텐데, 게시물 하나 때문에 기분과 시간을 허비하는 것은 무척 안타까운 일이다.

그렇다면 SNS에 넘치는 타인의 자랑 게시물을 보고 자신도 모르게 열등감을 느낄 때는 그 감정과 어떻게 마주하면 좋을까?

먼저 우리가 기억해야 할 사실이 하나 있다. SNS는 '가공된 세계'라는 점이다. 게시자는 자기 생활의 극히 일부분을 사진 몇 장과 짧은 동영상으로 가공해 '보여주고 싶은 세계'만을 노출한다. 화려해 보이는 요리지만, 실제로 먹어보면 별로 맛있지 않다거나. 사진만 보면 예쁘고 잘 정리된 방이지만 사진에 비치지 않은 곳은 아이들 장난감으로 난장판이었다거나… 화려하고 아름다워 보이는 사진의 이면에는 종종 이러한 모습이 숨어 있다. SNS가 가공된 세계라는 사실을 이해하고 나면 '부러워서 열등감을 느끼는' 감정은 애초에 생기지 않는다.

하지만 부러움과 심한 열등감을 느끼다 못해 일상생활에 지장이 생기거나 마음이 힘들다면, 과감하게 멀리하기를 바란다. 계정 자체를 삭제하기 어렵다면 보는 시간과 횟수를 정해 접속하는 시간을 제한하자.

간혹 SNS를 온종일 보지 않으면 불안을 느끼는 사람도 있다. 하지만 SNS에서 다루는 정보를 몰라도 사는 데는 아무런 지장이 없다. 오히려 적당한 거리를 두는 사람이 사회생활을 잘할 가능성이 크다. 물론, SNS는 우리가 사는 세계와 연결되어 있다. 그러나 전 세계 사람의 일부만이 보는, 알고 보면 무척 좁은 세계라는 사실을 반드시 인식해야 한다. 지금 당신이 손에 쥔 스마트폰을 잠시 내려놓고, 이제는 멋진 현실 세계로 눈을 돌려보면 어떨까.

9

창피함을 이기는 방법

'창피함' 때문에 인생의 기회를
잃어버리지 않으려면!

'창피함'을 느낄 때 우리 마음에서는 어떤 일이 일어나고 있을까?

'뭐야, 나만 드레스코드가 다르잖아!'
'내가 이상한 말을 했나?'

이런 창피함은 다른 사람에게 비치는 내 모습을 상상하기 때문에 일어난다. 즉, 사람은 자의식 과잉 상태에서 창피함을 느끼기 마련이다. 창피한 감정은 대부분 '나를 향한 상대의 평가나 비판'에 민감하거나, 혹은 감성이 예민한 사람에게 크게 발현된다. 마음속으로 창피함을 느끼는 것에 그친다면 괜찮지만, 이 감정은 때로 행동에 제동을 걸 때도 있다.

예컨대, 좋아하는 사람이 있어도 웃음거리가 될 것 같아 두려워 포기한다든지, 하고 싶은 일이 있어도 도전하겠다고 말하는 자체가 창피해서 멈춰버리는 것이 이에 해당한다.

창피한 감정으로 인해 제동이 걸려 기회를 놓치거나, 도전하고 싶은 일이 있는데도 한 발짝 내딛지 못하면 무척이나 안타까운 일이 아닐 수 없다. 창피한 감정이 장애물로 작용한 탓에, 행동으로 이어지지 못하고 '인생의 기회손실'로 이어지는 일도 잦다.

그러나 창피함을 느끼는 것 자체는 해롭지 않다. 다만, 그 감정에 휩쓸려 행동에 제약이 생기게 만들지 않기 위해서라도 창피한 감정을 잘 조절하는 것은 무척 중요하다. 다음 페이지부터는 '창피한' 감정을 전환할 방법을 소개하려 한다. 인생의 중요한 기회를 놓치는 일이 없도록 꼭 실천해 보기를 바란다.

사람들 앞에서 실수했어요

> 사람들 앞에서 실수했는데,
> 정말 너무 창피해서 어찌할 바를
> 모르겠어요.

마음속으로 '다른 사람은 나한테 아무 관심도 없다'를 열 번 반복해서 말해 보세요!

보통 사람들은 어떤 상황에서 창피함을 많이 느낄까? 바로 '사람들 앞에서 실수했을 때'다. 길 한복판에서 넘어졌다든지, 거래처에 보낼 이메일 수신인을 틀렸다든지…. 우리는 이런 사소한 실수에 '창피함'을 느끼고는 한다. 그런데 이런 실수가 정말로 창피한가? 한 번쯤 곰곰이 생각해 볼 필요가 있다. 예를 들어 당신은 실제로 길에서 넘어진 사람을 보고 '저 사람 창피하겠다'라고 생각하는지, 오히려 '괜찮을까?' 하고 걱정하는 마음이 더 들지는 않는지 말이다.

이메일 수신인을 틀리게 보냈을 때도 마찬가지다. 지금까지 인생에서 이메일의 수신인을 단 한 번도 틀리지 않은 사람은 그다지 많지 않을 것이다. 자주 있는 실수이므로, 상대방도 '자주 있는 일이지'하고 아무렇지 않게 생각할 것이다. 냉정하게 생각해 보면 우리가 저지르는 실수는 대부분 그렇게 창피한 것들만은 아니다.

창피함을 자주 느끼고 멈춰 서는 사람들은 보통, 타인의 평가나 시선 같은 '타인 축'을 중시하며 살아가고 있을 가능성이 크다. 내가 나를 평가할 때, 타인의 평가를 기준으로 삼는 '타인 축'을 중시하는 사람일수록 실수한 상황에서 남들에게 어떻게 비칠지를 고민하고, 또 창피함을 느끼기 쉽다.

그러나 사실 당신에게는 얼굴이 빨개질 만큼 창피한 실수라도, 실제 사람들은 대부분 대수롭지 않게 여긴다. 당신이 실수했다는 사실조차 눈치채지 못하거나, 아예 보지 못할 때도 많다. 만약 봤다고 한들, 5초 후에는 다른 일을 생각하는 사람이 태반이다. 만약 당신의 실수를 지적하며 계속 웃음거리로 삼는 사람이 있다면, 그 사람은 당신을 과도하게 의식하고 있거나, 성격 자체가 집요한 '괴짜'일 가능성이 크다. 그 밖의 사람들은 남의 실수를 그렇게까지 의식하지 않는다.

그러므로 실수했을 때는 남들이 나를 보고 있지 않다는 사실을 생각하고, 사람들은 나에게 그다지 관심이 없다는 문구를 마음속으로 열 번 정도 외쳐 보기를 바란다. 그러면 나의 실수 따위는 사소한 일처럼 보이기 시작하고, 또 냉정함을 되찾을 수 있다.

실수는 다른 사람에게 호감을 사는 포인트이기도 하다. 인간은 완벽한 사람보다 약점이나 상처가 있는 사람에게 친숙함을 느끼기 때문이다. 반대로 실수를 아예 하지 않는 사람과 함께 있으면 갑갑함을 느낀다. 당신이 실수를 저질러 후배 앞에서 질책당하는 일이 생기면, 후배는 '아 선배라도 혼날 때가 있구나. 나도 실수해도 괜찮구나'라고 느껴 안심할지도 모른다. 실수는 항상 해로운 것이 아니며, 때로는 호감도를 높여주는 역할을 한다고 생각하면 창피하게 느낄 필요가 없지 않을까.

좋아하는 이성과 있으면 너무 부끄러워요!

정말 좋아하는 사람이 있는데, 이야기하는 것만으로도 부끄러워서 몸 둘 바를 모르겠어요. 대체 눈은 어떻게 마주치는 거였죠?

'안녕하세요!'하고 인사하는 것부터 시작해 보세요

좋아하는 사람을 보기만 해도 부끄러워서 눈을 마주칠 수가 없다. 이야기할 기회가 생겨도 너무 부끄러워서 말조차 꺼내기 힘들다. 이대로 가면 내 마음을 전하거나 데이트를 신청하기는커녕 그 흔한 인사조차 못 할 것 같다….

이처럼 연애에 관한 부끄러움은 시간이 흘러도 완전히 없앨 수는 없다. 반대로 말하면 영원히 떼어낼 수 없는 부끄러움이라고도 할 수 있겠다. 그 이유는 좋아하는 사람이 한 번 생기면, 그 사람이 자신을 어떻게 평가할지 무척 신경 쓰이기 때문이다. 좋아하는 사람에게는 최대한 좋은 모습을 보이고 싶기 마련이라서 실수하면 부끄럽다든지, 이상한 말을 해서 미움을 사고 싶지 않다는 감정으로 이어진다. 상대방을 계속 좋아하는 한, 그 사람 앞에서 자기가 어떻게 비칠지 과도하게 신경 쓰고 부끄러움을 느끼는 것은 당연하다.

기본적으로 부끄러워하는 사람은 다른 사람 눈에 인간미 있게 비친다. 그러므로 무리하게 부끄러움을 숨길 필요는 없다. 다만, 지나치게 우물쭈물한 태도 때문에 소통이 되지 않으면 주객이 전도될지도 모른다. 나아가 부끄러운 나머지 제대로 대화를 못 한다면, 상대방이 '나를 싫어하나?'하고 착각할 가능성도 있다. 또한 얼굴을 보는 것조차 부끄러운 상대방에게 느닷없이 '바람 쐬러 가실래요?'라든지, '저랑 사귀어 주세요'라고 말하는 것은 아무래도 어렵지 않을까.

이야기를 못 걸겠다든지, 상대의 눈조차 쳐다보지 못할 정도로 부끄러울 수도 있지만 더 좋은 관계를 구축하기 위해서는 한 단계 나아갈 필요가 있다. 그러기 위해서는 되도록 상대방과의 접촉 횟수를 늘림으로써 자신이 상대에게 익숙해질 수밖에 없다. 부끄러워서 말을 건네지 못하는 상태에서 벗어나서 인사부터 시작해 보자. 사람을 만나면 인사하는 것이 당연하지 않은가. 자신에게 인사를 하는 상대방을 이상하게 생각하거나 불쾌하다고 느끼는 사람은 없다.

가능한 범위 내에서 상대에게 다양하게 인사하는 것을 반복해 보자. 인사하는 횟수가 늘어날수록 부끄러움을 느끼는 정도도 차츰 줄어들 테니 말이다. 그런 다음에는 눈을 마주치도록 의식해 보거나, '맛있는 점심 메뉴 좀 추천해 주세요', '쉴 때는 보통 뭐 하세요?'와 같은 대화를 시도하는 등 함께 있는 시간을 늘려 보자. 그러면 부끄러운 감정이 서서히 작아지면서 자연스럽게 이야기할 수 있다는 사실을 깨닫게 될지도 모른다.

Case 40

칭찬 감옥에 갇혔어요!

다른 사람한테 칭찬을 받을 때마다
너무 부끄러워서 쭈뼛거리게 돼요.

**자신감을 가지고 '감사합니다'라고
분명하게 전달하세요!**

칭찬을 들으면 부끄러운 마음에 그만 손사래를 치며 겸손해하는 사람이 적지 않다. 보통 다른 사람에게 칭찬받으면 상대방이 나를 좋게 봐주고 있다는 기쁨과 동시에, 한편으로는 그렇게까지 잘 보였다는 민망함과 부끄러움이 몰려오고는 한다.

물론 겸손이 미덕이기는 하다. 그러나 상대가 해준 칭찬을 굳이 부정하면 자신을 좋게 평가한 상대에게 실례가 될 수도 있다. 칭찬한다는 것은 상대 역시 당신을 인정한다는 의미다. 그런데 칭찬받은 사실이 쑥스럽다는 이유로 칭찬을 부정하면, 상대도 기분이 그다지 유쾌하지는 않을 것이다. '이 사람은 칭찬받는 걸 싫어하는구나', '내가 칭찬하면 괜히 불편해할지도 몰라' 이런 식으로 상대를 인식하게 되므로, 그 후로는 상대의 평가를 얻기 어려워질 수도 있다.

누군가 자신을 칭찬할 때는 다 그만한 이유가 있기 마련이다. 이럴 때는 지나치게 겸손해하지 말고 더 자신감을 가져 보기를 바란다.

또한, 다른 사람으로부터 받는 칭찬은 자기 장점을 마주할 좋은 기회다. 칭찬받은 말은 잊지 말고 자신의 장점으로 삼아 계속해서 갈고 닦아 나가기를 바란다. 설령, 나에게는 과분한 칭찬이라고 느끼더라도 그 마음을 일단 받아들이자. 또한, 쑥스러워도 괜찮으니 '칭찬해 주셔서 감사하다'는 마음을 상대방에게 확실하게 전하자. 이것은 사회인으로서 꼭 익혀야 할 매너다.

어떤 사람은 칭찬을 듣고 부끄러워하는 모습을 보이고 싶지 않다고 생각하기도 한다. 그러나 다시 한번 말하지만 누군가가 부끄러워하면 주변 사람들은 그 모습을 인간미 있게 보고 친숙함을 느낀다. 칭찬을 받아 민망하더라도 그것을 애써 숨길 필요는 없다. 오히려 그런 말을 들어서 부끄럽다든지, 평소에 칭찬받을 일이 별로 없어 쑥스럽다고 솔직히 말하면 당신에 대한 호감도 역시 함께 올라간다. 칭찬을 쑥스러워하면서도 기뻐한다는 사실이 전달되면 상대방도 기분이 좋을 것이다.

'감사합니다'라고 솔직하게 말하며 칭찬을 받아들이는 횟수가 늘어날수록, 서로 좋은 감정으로 대할 수 있게 되니, 부디 자신감을 가지기를 바란다.

부끄러운 기억이 갑자기 떠올랐어요

문득 과거에 크게 실수했던 기억이 떠올랐어요! 부끄러워서 어찌할 바를 모르겠네요.

창피한 기억을 지금의 시선으로 바라보고 그 감정을 기록해 보세요!

어느 날 문득 부끄러웠던 일이 떠오를 때가 있다. 그럴 때면 시간이 한참 지난 일인데도 기억이 생생히 되살아나, 소리를 지르거나 이불을 뻥뻥 차고 싶어질 정도의 부끄러움에 휩싸이고는 한다.

'그때 이렇게 했으면 좋았을 텐데'
'내가 진짜 왜 그랬지?'

지금 와서 생각해 봐야 어쩔 수 없는 일인데도, 후회와 부끄러움이 밀려와 그 일을 곱씹게 되는 사람도 많다.

이처럼 과거 기억에 매달리는 경향이 있는 사람은 주의가 필요하다. 왜냐하면 기억은 우리가 생각하는 것 이상으로 애매하고 불안정하기 때문이다. 한 조사에서 학생들에게 일주일간 생긴 일을 4개월 동안 매주 열다섯 개씩 기록하게 했다. 그리고 그 기록 묶음과, 관계없는 기록 더미를 함께 보여주며 어떤 것이 자신에게 일어난 일인지를 판단하게 했다.

그 결과, 90퍼센트는 자기가 기록한 내용이 무엇인지 어느 정도 구별해 낼 줄 알았지만, 그중에서도 절반 정도는 관계없는 기록 더미를 두고 '자신에게 일어난 일'이라고 인식했다. 이 조사를 통해서도 기억은 100퍼센트 신뢰할 수 없음을 알 수 있다.

특히 강렬한 감정을 느낀 사건은 무의식중에 기억이 재구축될 때가 있다. 예를 들어 '큰 실수를 하는 바람에 친구들에게 웃음거리가 되어 몹시 창피했던 기억'이 있다고 치자. 실은 친구들이 걱정을 해주었는데도 기억이 조작되어서 '비웃었다'고 오해할 가능성도 있고, 당신이 생각하는 것보다 실수 자체가 아주 사소한 일이었을 수도 있다.

또한, 과거에 일어난 일을 떠올리면 그 당시의 감정까지 되살아나는데 이것은 '과거를 돌아봤을 때 지금 느끼는 감정'이다. 당신이 과거에 느낀 감정과는 별개로 보아야 마땅하다.

과거를 돌아봤을 때 느끼는 부끄러운 감정이, 과거의 부끄러운 기억에 더해지면서 더 강해진다. 따라서 불쾌한 감정을 느낀 과거에 얽매일수록 기억이 안 좋은 형태로 조작되고, 시간이 흐르면 더 안 좋은 기억으로 변할 우려가 있다.

이를 피하기 위해서는 부끄러운 기억이 되살아났을 때 당시 어떤 일이 일어났는지, 그리고 지금의 자신은 어떤 감정을 느끼고 있는지 기록하는 것이 중요하다. 감정뿐만 아니라, 일어난 사실을 바탕으로 사건을 인식하면 냉정함을 찾을 수 있다. 처음에는 좀처럼 받아들이기 힘들지도 모르지만, 과거를 긍정적으로 수용하면 과거에 대한 인식이 바뀌면서 좋은 방향으로 덧씌워질 때도 있으니 말이다.

　말하자면 인생이란, '현재'를 하나하나 쌓아가는 것과 같다. 과거에 지나치게 얽매이면 현재 눈앞에 있는 것을 잘 보지 못하게 되고, 또 즐길 수 없게 된다. 지금 떠오르는 기억이 가짜일 수도 있는데, 그 과거에 매달린다면 '현재'가 너무 아깝지 않을까? 조작되지 않은 진짜 기억과 마주하며 과거에 얽매이는 횟수를 줄여나가 보자.

10

불만을 해소하는 방법

불만을 해소하는 가장 좋은 방법

무릇 사람이라면 생각대로 일이 풀리지 않을 때 불만을 느낀다. 그만큼 불만은 살아가는 데 피할 수 없는 감정이다. 특히 사회에 나가면 세상이 내 마음처럼 되지 않는다는 걸 실감하는 사람도 많다.

자판기에 원하는 음료가 다 팔렸을 때, 열차가 늦게 올 때, 지도를 보고 따라갔는데 다른 길이었을 때… 이처럼 일상에서 겪는 사소한 불만은 항상 인생을 따라다닌다. 또한, 나에게 갖는 불만이 있는가 하면 남에게 갖는 불만도 있다. 가까운 사이의 상대이니 굳이 말하지 않아도 내 마음이나 생각을 짐작해 줄 것이라 여기기 쉽지만, 그것은 아무리 친한 사이여도 어렵다.

이처럼 항상 우리 주변에 존재하는 불만을 마음속에서 어떻게 처리하면 좋을까? 가장 좋은 방법은 감정을 표출하는 것이다. 자기감정은 스스로도 잘 모르는 법이다. 그러므로 무엇에, 얼마나 불만을 느끼고 있는지 깨닫기 위해서는 감정을 표출해 명확하게 하는 작업이 필요하다.

또한, 불만을 명확하게 했다면 가능한 그 원인을 없애기 위해 노력하는 것도 중요하다. 불만을 그대로 두면 점점 커지기 때문이다.

그래서 더더욱 자신이 불만을 느끼는 대상과 원인을 없애는 방법을 분석할 필요가 있다. 지금까지 이 책에서 소개한 다양한 감정과 마주하는 방법을 바탕으로 자신의 솔직한 마음과 마주해 보자.

회사가 싫어요!

다른 사람에게 불평해 보세요!

일정이 연기되거나, 생각보다 좋은 결과물이 나오지 않거나, 예상 밖의 일이 터지는 등, 생각처럼 일이 진행되지 않으면 불만을 느낀다. 이렇게 불만이 스멀스멀 올라올 때 이를 해소하는 가장 좋은 방법은 바로 '불평하기'다. 불평을 늘어놓는 것은 좋지 않다고 생각하는 사람이 있을지도 모르겠지만, 불평은 결코 해롭지 않다. 이 책에서도 여러 번 설명했듯, 부정적인 감정을 꾹꾹 눌러두고 방치하면 아무리 시간이 흘러도 그 감정에서 해방되지 못한 채 얽매이고 만다.

그러나 어떤 형태로든 감정을 표출하면 불만을 조금씩 수용할 수 있게 된다. 마음이 가라앉을 때까지 자신이 불만스럽게 생각하는 일을 연인이나 친구, 지인에게 이야기해 보기를 바란다.

'불만을 말한다고 뭐가 바뀌겠어?'하고 의문을 가질 수도 있지만, 자기 고민을 담담하게 표출할 수 있는 상황을 만들어 마음을 안심시키거나, 자신에게 일어난 일을 객관적으로 바라보는 행위는 심리학 치료나 상담 등에서도 자주 사용하는 방법이다.

불만을 표출할 수 있고, 그것을 이해해 주는 사람이 있다는 사실을 깨달으면 마음이 훨씬 안심된다. 다만, 그 불만이 새어나가 당신을 평가하는 위치에 있는 사람 귀에 들어가면 안 좋은 결과를 낳을 수도 있다. 그러므로 회사 방침이나 체계를 비롯해 일에 대한 불만을 털어놓을 대상은 신중히 골라야 한다. '너한테만 이야기하는 건데'라고 꺼낸 이야기는 거의 100퍼센트 다른 사람에게 퍼지는 법이다. 그 이야기가 나중에 상사의 귀에 들어가 부정적인 상황이 벌어질 위험은 피하는 것이 좋겠다.

또한, 불만을 말할 때 반드시 불평을 늘어놓을 필요는 없다. 회사 안에서 자신과 비슷한 불만을 안고 있을 법한 사람과 대화해 보는 것도 방법이다. 다만, 이때 '이 회사의 이런 점은 나쁘다고 생각하지 않으세요?', '이 회사는 이렇게 바뀔 필요가 있어요' 등, 감정적으로 불만을 늘어놓으며 토로하는 것은 좋은 방법이 아니다. '우리 회사의 이런 시스템은 조금 이해하기 어려운 것 같아요', '이 보고서 어떻게 생각하세요? 제 생각에는 조금 더 다르게 쓰면 좋을 것 같아요'와 같이 차분한 자세로 사소한 불만을 표현하는 것이 더 현명하다.

직장에 불만이 생긴다는 것은 그만큼 업무 부하가 크다는 사실을 의미한다. 업무가 과도하게 힘들어 스스로 감당할 수 있는 범위를 넘어섰다고 느낄 때는 '거절'하거나 '요구'하는 등 적극적으로 행동하는 것도 하나의 방법이다.

지금 방식대로면 담당해야 할 양이 늘어나니 순서를 바꿔 달라든지, 일정이 너무 빡빡해서 소화하기 어렵다든지, 납기를 조정해 줄 수 있냐고 묻든지, 자신의 상황을 분명하게 이야기하고 회사 측에 요구사항을 전달하자. 불만을 무조건 표출하는 것만이 방법은 아니다. 가능한 '해결'하는 방향으로 이끌어 나가도록 하자.

Case 43

직장 동료에게 불만이 쌓였어요

직장 상사, 부하 직원, 선후배에게도 조금씩 불만이 있습니다. 업무에 지장을 줄 것 같아 참고는 있는데, 그러자니 이 마음이 걷잡을 수 없이 쌓여만 가네요.

불만이 커지기 전에
불만이 아닌 의견을 단순하게 전달해 보세요

상사가 무섭거나, 후배의 업무 효율이 낮거나 동료와 손발이 맞지 않는 등. 직장 내 인간관계에 대한 고민은 누구나 있다. 실제 많은 사람이 업무에서 느끼는 불만은 대부분 '인간관계'에서 출발한다. 그만큼 인간관계란 불만을 낳는 큰 원인이라는 의미다.

앞 장에서도 이야기했지만, 불만을 느끼면 먼저 감정을 가라앉히기 위해 누군가에게 그 감정을 표출하는 것이 가장 좋은 방법이다. 그 대상은 가족이나 친구는 물론, 심지어는 자신이 키우는 반려동물이나 식물도 상관없다. 아니면 감정을 종이에 써 내려가거나, 벽과 거울에 대고 말하는 것도 좋다. 이처럼 불만을 말로 표현하면 어떤 것에 불만을 느끼고 있는지를 명확하게 알 수 있다.

다른 사람에게 불만을 느꼈을 때, 그 감정을 참기만 하면 점점 불편한 감정이 쌓인다. 그리고 그 감정을 애매한 상태로 방치하면 더 큰 불만이 더해진다. 나는 무엇에 불만을 느끼는지, 상대방이 어떻게 해주면 그 불만이 사라질지를 구체적으로 생각해 보기를 바란다. 그리고 불만을 표출한 뒤에는 그 불만이 마음에 더 자리하지 않도록 상대에게 개선책을 이야기하도록 하자.

상대에게 불만을 직접 말하기 어려울 수 있다. 하지만 상황을 개선해 나가기 위해서는 '불만'이 아닌 '의견'을 전달해야 할 필요는 있다. 그 이유는 불만을 처리하지 않고 방치하면 그 불만이 점점 커져서 대처할 수 없는 상태가 되기 때문이다. 아직 불만이 적을 때는 상대방 역시 그 불만을 수용하고 개선해 줄 가능성이 크다. 그러나 불만이 커지면 커질수록 상대에게 말하고 싶은 불만의 내용도 커지므로 전달하기가 더 어렵다. 그러므로 불만이 적을 때 상대에게 꼭 이야기하기를 바란다. 다만, 의견을 말할 때는 '전달하는 방식'에 주의하자. 상대방의 잘못된 점을 대놓고 지적하거나, 이렇게 하면 효율이 떨어져 업무 부담이 커지므로 곤란하다는 등, 자기감정에 이끌려 직설적으로 표현하면 싸움이 되기 쉽다.

불만을 전달할 때는 감정을 섞지 말고, 일어난 사실만을 바탕으로 되도록 간단하게 전달하는 것이 중요하다. 예컨대, 항상 마감일을 맞추지 못하는 후배에게 왜 마감일을 지키지 않냐고 소리치면 결국 서로 안 좋은 감정만 남는다. 그러지 말고 '마감일을 못 지키면 다른 사람의 작업 공정이 늦어져서 피해를 주게 되니까 기한을 맞췄으면 좋겠는데, 네 의견은 어때?'하고 말해 보자. 당신이 곤란해하는 것이 무엇인지, 그 때문에 어떤 피해가 있는지, 그리고 어떻게 하면 그것을 개선할 수 있는지. 이 세 가지 포인트를 분명히 이야기하면 상대 역시 그에 맞는 반응을 보일 것이다. 이처럼 전달하는 방식을 바꿈으로써 자신의 불만을 해소해 나가기를 바란다.

배우자나 연인에게 불만이 쌓였어요

> 배우자와 연인에게 조금이라도
> 마음에 안 드는 부분이 있으면
> 자꾸만 불만을 느끼게 돼요. 어떡하죠?

'수요일에는 잊지 말고 재활용을 내놔 줘!'
최대한 구체적인 말을 통해
행동을 개선해 달라고 요청해 볼까요?

누군가와 오랜 시간 함께 지내면 아무리 사이가 좋다고 해도 불만이 생기는 법이다. 오랜 세월을 함께 생활한 배우자나, 연인 역시 당신과는 다른 사람이니 말이다. 사람은 저마다 가치관이나 생각이 다르다. 그러니 두 사람의 건설적인 미래를 위해서는 무엇보다 서로 이해하는 게 중요하다. 관계를 원만하게 이어 나가기 위해서는 배우자나 연인에게 불만을 느꼈을 때 그것을 분명하게 표현할 필요가 있다.

그런데 상담을 진행하다 보면 '전달하는 방식'에 어려움을 느끼는 사람들이 꽤 많다는 것을 느낀다. 조금 더 이렇게 해주었으면 좋겠다고 상대에게 아무리 불만을 표현해도 개선되지 않는다고 이야기하는 사람들을 보면, 실은 전달 방식이 애매할 때가 많다. 상대의 해석에 따라 달라질 수 있는 방식으로 전달하면, 당신이 기대하는 행동을 상대가 해줄 가능성은 거의 없다고 봐도 무방하다.

배우자이니까, 연인이니까 자세히 말하지 않아도 다 안다는 마음에 모호한 말로 전달할 때가 많다. 그러나 아무리 친숙한 사이라고 해도 콕 집어서 구체적으로 말하지 않으면 상대방과의 소통이 원활하게 이루어지기는 힘들다. 그러므로 상대에게 요구할 사항이 있다면 최대한 구체적으로 전달하는 것이 중요하다.

　예를 들어, 아내가 남편에게 아이 좀 봐달라고 부탁하고 외출을 나갔는데 돌아와 보니 남편이 스마트폰을 만지작거리며 아이를 건성으로 보고 있다고 치자. 이럴 때는

　'요새 놀이기구 타는 걸 좋아하더라고. 그러니까 한 시간 정도 공원에서 같이 놀아 줘. 그리고 다른 아이랑 싸우지 않는지 잘 지켜봐야 해'
　'요즘 나무 블록 쌓기 놀이를 좋아하니까 30분 정도는 같이 블록 놀이를 해 줘. 특히 블록으로 로봇 만드는 게 재미있나 봐. 같이 만들면 아이가 기뻐할 거야.'

　이렇게 최대한 구체적으로 말해야 상대방에게 생각한 바를 명확히 전달할 수 있다. '자세히 말하면 싫어한다'면서 상대를 지나치게 신경 쓴 나머지 애매하게 표현할 때도 있는데, 그러한 애매함이 오히려 언쟁이나 다툼을 초래한다. 그러므로 '정말 해주기를 바라는 행동'을 구체적으로 분명하게 말하자.

한편, 상대방에게 불만을 말할 때 주의해야 할 몇 가지 문구가 있다.

① '가족이니까 당연하지', '똑바로 좀 해', '이렇게 해야 한다'
→ 가치관을 강요하는 것이므로, 상대방에 대한 부정으로 이어져 관계를 악화한다.

② '왜', '어째서?'
→ 이러한 말을 '위험한 질문'이라고 부르는데, 상대방을 추궁하거나 비난하는 느낌을 줄 수 있기 때문이다.

한평생을 함께 지내는 배우자이기에, 더더욱 앞으로도 좋은 관계를 유지해 나가기 위해서 서로 '나는 당신이 이렇게 해줬으면 좋겠어'라는 요구를 구체적으로 이야기할 수 있는 분위기를 만들 필요가 있다. 한두 번 정도 감정을 전달했다고 사람이 바로 바뀌지는 않는다. 반복적으로 전달해 나갈 필요가 있으며, 불만이 생겼을 때 서로 '미세한 조정'을 계속해 나가는 것이 배우자와의 관계를 좋게 유지하는 요령이다.

Case 45

부모님께 불만이 쌓였어요

그렇게 간섭하지 말아 달라고 했건만, 여전히 부모님은 저의 일에 사사건건 간섭하십니다. 저 또한 불만이 쌓이다 보니 차갑게 대하게 되네요.

부모님 말의 의미를 파악한 뒤
'의사표시'를 해볼까요?

떼려야 뗄 수 없는 것이 부모님과의 관계다. 부모님은 자녀를 위한다고 한 일이지만, 자녀는 그것을 지나친 간섭으로 받아들이거나 자신을 조종한다고 느껴 오히려 역효과를 낳을 때도 많다. 자녀 역시 당연히 부모님 말은 반드시 들어야 한다고 생각하기 쉬운데, 먼저 대전제는 부모님도 항상 정답을 말하는 것은 아니라는 사실이다. 부모님 역시 인간이기 때문에 틀린 말을 할 때도 있다. 사람은 저마다 가치관이나 생각이 다르므로 부모와 자녀 사이에 생기는 의견 대립은 어찌 보면 당연하다.

그중에서도 부모·자식 간 대립의 가장 큰 원인은 세대 차이에서 오는 가치관의 차이다. 예를 들어 부모님이 60대 이상이라면, '여자는 결혼하면 일을 그만두고 집안일을 하는 것'이 당연하다는 가치관을 지니고 있을 것이다. 따라서 지금 세대에게는 당연한 '맞벌이'가 부모님 세대에서 보면 좀처럼 수용하기 어려운 가치관일 수도 있겠다.

또한, 이 세대는 '한 회사에서 정년까지 일한다'는 가치관이 뿌리 깊게 박혀 있다. 그러나 오늘날에는 여러 회사를 경험하며 커리어를 쌓는 것이 더 일반적으로 여겨진다. 자녀

세대가 이직하는 모습을 보며 '그렇게 불안정하게 살아도 괜찮니?'하고 걱정하는 것도 이러한 이유에서다.

시대가 바뀌면 가치관의 차이는 반드시 생기기 마련이다. 아무리 부모가 '네가 걱정돼서 하는 말이야'라고 해도 그 마음을 계속 수용하기는 어렵다. 그러므로 부모에게 불만을 말할 때는 의사표시를 분명하게 해야 한다. 부모님이니까 말하지 않아도 알아주실 거라고 생각하기 쉬우나, 그렇게 모호한 태도를 취하면 해석을 상대에게 맡기는 셈이 되므로 대부분 불만이 해소되지 않는다. 그러니 분명하게 말로 정확히 전달하자.

'그런 말을 해봐야 우리 부모님은 들어주지 않아', '관계를 회복하기 어려울 거야'라는 이야기도 종종 듣게 되는데, 전달하는 방식을 잘 갖추면 이러한 걱정을 할 필요는 없다.

다만, 부모님에게 불만이 있다고 해서 '엄마(아빠)의 그런 점이 정말 싫어!'라며 감정을 직접 표출하면 관계에 금이 가고 만다. 불만을 감정적으로 전달하지 말고, 먼저 부모님의 이야기를 듣고 의견을 이해해 보자. 그런 다음 '알았어. 엄마(아빠)는 그렇게 생각하고 있구나'라고 상대의 이야기를 먼저 받아들이자. 그런 뒤에 내가 어떤 생각을 하고 있는지, 불만을 전달하면 된다. 일단 상대방 말을 수용하고 나서 불만을 전달하면 상대방도 이해하기 쉽다.

또한, 부모님께 꼭 조언을 듣고 싶은 일이 아니라면 사전 상담이 아닌 사후 보고를 하는 편이 좋다. 부모님은 대부분 미리 걱정부터 하므로 사전 상담을 하면 이렇게 하는 편이 좋겠다고 부모님 의견을 따르도록 조언하는데, 이는 다툼의 씨앗이 된다. 당신의 인생은 당신 것이다. 그러니 부모님께 하나부터 열까지 상담할 필요는 없다. 그러므로 상담했을 때 부모님이 간섭할 법한 일이라고 생각되면 부모님께는 '이런 일이 있었어'라고 나중에 넌지시 알리도록 하자.

Case 46

아이에게 불만이 쌓였어요

지나친 참견이 안 좋다는 건 알지만,
저도 모르게 아이에게 불만을
표출해 버리고는 해요.

'지금 아빠랑 다퉈서 마음이 너무 힘드니까,
엄마랑 얘기하는 건 10분만 기다려 줄래?'와 같이
규칙을 명확하게 해서 불만을 전달해 보세요.

자녀를 훈육할 때 가장 중요한 것은 이성적이어야 한다는 점이다. 부모가 감정적으로 되는 순간 아이를 내 생각대로 조종하고 싶다든지, 내 의사를 강요하고 싶다는 생각이 강하게 들면서 '훈육'의 범주를 벗어나기 쉽다. 내가 너무 감정적이라고 느껴질 때는 아이에게 말을 걸지 말아야 한다. 마음이 차분해지고 나면, 그때 아이가 해주었으면 하는 행동이나 아이에 대한 불만을 이야기하자. 아이에게 감정을 마구 쏟아내면 그 감정이 부메랑처럼 그대로 당신에게 돌아오며 다툼으로 번진다. 그렇게 되면 '말해봐야 어차피 싸움만 나지'라고 생각하며 쌓여 있던 불만을 아이에게 말하지 않게 되고, 점점 불만이 증폭되는 악순환이 반복될 수 있다.

부모도 인간이므로 아이의 말 한마디에 욱하거나 불만을 품을 수도 있다. 다만, 감정적인 상태에서 아이를 혼내거나 '입 다물어!'와 같은 말을 내뱉으면 아이는 부모가 자신을 싫어한다고 느끼거나, 오히려 큰 반항심을 품게 된다. 그러한 사태를 피하기 위해서는 지금의 상황을 잘 설명할 필요가 있다.

'몸이 피곤해서 신경이 예민해. 그래서 지금은 네 이야기를 듣기 힘들 것 같은데, 조금 기다려 줄래?'

'지금 아빠랑 다퉈서 마음이 힘드니까 엄마랑 얘기하는 건 10분만 기다려 줄래?'

아이에게는 이렇게 구체적으로 이야기해야 한다.

아이가 아직 어려 말에 서툴다고 할지라도, 대화는 무척 효과적인 방법이다. 말해도 못 알아들을 텐데 하고 생각할 수도 있겠으나 사실 그렇지 않다.

울음을 그치지 않는 아이에게 '지금 분유 만들어 줄 테니까 잠깐 기다려'라고 계속 말을 걸면, 아이는 말의 의미를 조금씩 이해하기 시작한다. 아무리 어린아이라도 한 인간으로 대하며 계속 대화를 해나가면 충분히 의사소통할 수 있다. 그러므로 당신이 화가 났을 때는 상대방이 아무리 어린아이라도, '화가 난 이유'를 말하는 것이 중요하다.

그리고 감정이 차분해지고 나서 아이에게 불만을 직접 전달할 때는 규칙을 명확하게 하는 것이 중요하다. 예를 들어 어떤 아이가 게임을 지나치게 많이 해 부모에게 혼나고 있다고 치자. 이때 아이는 어느 정도가 '지나친' 정도인지 알지 못한다. 이럴 때는 '요새 게임을 너무 많이 하는 것 같아. 게임 시간을 하루에 한 시간으로 정하자'와 같은 규칙을 세우는 것이 좋다. 도대체 공부는 언제 할 거냐고 묻지 말고, 오늘부터 매일 학습지를 열 장씩 풀어 보자는 식의 구체적인 목표를 설정해 주는 것과 같다.

옷차림 역시 마찬가지다. 옷차림이 그게 뭐냐고, 단정하게 입으라고 말해도 아이는 '단정한 옷차림'이 무엇을 의미하는지 모를 수 있다. 그러나 '신발을 구겨 신지 말고 제대로 신자', '셔츠 단추를 잘 잠그자'와 같이 구체적으로 말해주면 아이도 충분히 이해한다. 아이니까 말해봐야 소용없다고 포기하지 말고, 꼭 대화를 계속하기를 바란다.

Original Japanese title:
1 STEP DE KIBUN GA AGARU ↑ KIMOCHI NO KIRIKAE ZITEN

Copyright © 2022 Moeko Ono
Original Japanese edition published by Fusosha Publishing, Inc.
Korean translation copyright © 2024 by Korean Studies Information Co., Ltd.
Korean translation rights arranged with Fusosha Publishing, Inc. through The English Agency (Japan) Ltd. and Danny H
Agency.

개복치 직장인 생존 가이드

초판 인쇄 2024년 5월 31일
초판 발행 2024년 5월 31일

지은이 오노 모에코
옮긴이 일본콘텐츠전문번역팀
발행인 채종준

출판총괄 박능원
국제업무 채보라
책임번역 김예진
책임편집 조지원
디자인 홍은표
마케팅 전예리 · 조희진 · 안영은
전자책 정담자리

브랜드 크루
주소 경기도 파주시 회동길 230 (문발동)
투고문의 ksibook13@kstudy.com

발행처 한국학술정보(주)
출판신고 2003년 9월 25일 제406-2003-000012호
인쇄 북토리

ISBN 979-11-7217-207-7 03320

크루는 한국학술정보(주)의 자기계발, 취미, 예술 등 실용도서 출판 브랜드입니다.
크고 넓은 세상의 이로운 정보를 모아 독자와 나눈다는 의미를 담았습니다.
오늘보다 내일 한 발짝 나아갈 수 있도록, 삶의 원동력이 되는 책을 만들고자 합니다.